GOLDMANN
ARKANA

Roger Woolger
Vergangene Leben heilen

Reinkarnationstherapie in der Praxis

Aus dem Englischen von
Margarethe Randow-Tesch

GOLDMANN
ARKANA

Die amerikanische Originalausgabe erschien 2004 unter dem Titel
»Healing Your Past Lives« im Verlag Sounds True, Inc., Boulder, Colorado, USA.

FSC
Mix
Produktgruppe aus vorbildlich
bewirtschafteten Wäldern und
anderen kontrollierten Herkünften

Zert.-Nr. SGS-COC-1940
www.fsc.org
© 1996 Forest Stewardship Council

Verlagsgruppe Random House FSC-DEU-0100
Das für dieses Buch verwendete FSC-zertifizierte Papier *EOS*
liefert Salzer, St. Pölten.

1. Auflage
Deutsche Erstausgabe

Umschlaggestaltung: Design Team München
Umschlagfoto: John Cleare
Lektorat: Gerhard Juckoff
Satz: Barbara Rabus
Druck und Bindung: GGP Media GmbH, Pößneck
Printed in Germany
ISBN-10: 3-442-33750-X
ISBN-13: 978-3-442-33750-7

www.goldmann-verlag.de

Inhalt

Was Befreiung bringt, ist die Erkenntnis,
wer wir waren und was wir wurden;
wo wir waren und wohinein wir geworfen wurden;
wohin wir eilen und woraus wir erlöst werden;
was Geburt ist und was Wiedergeburt.

VALENTINUS (3. Jh.)

Einleitung

Wenn wir wirklich wissen wollen, wer wir sind, müssen wir zunächst wissen, wer wir waren. In dieser aus einem Buch und einer CD bestehenden praktischen Anleitung möchte ich Sie einladen, eine spezielle, sehr wirksame Methode der Selbsterkenntnis und die daraus entstehende Freiheit kennen zu lernen. Diese Methode, die ich *Deep Memory Process*™ oder Tiefenerinnerungsprozess nenne, wurde von mir in den letzten 20 Jahren aus einer Kombination der Reinkarnationstherapie und den aktiven Imaginationstechniken der Jung'schen Psychotherapie entwickelt, aber ihre Wurzeln gründen in einer viel älteren Tradition der Erinnerung daran, »wer wir waren«, und des Verständnisses dessen, »was wir geworden sind«. Sie bietet Werkzeuge, mit denen Sie in die Tiefen Ihres Unbewussten eintauchen können – dessen, was wir die *Seele* nennen –, um zu entdecken, wo Erinnerungen an vergangene Existenzen aufbewahrt werden, und sie ans Licht zu holen. Die Übungen und Techniken, die Sie hier anwenden werden, sind erstaunlich einfach und leicht zu erlernen, und dennoch können sie Ihnen ein tiefes, neues Gewahrsein Ihrer selbst eröffnen, helfen, alte Wunden zu heilen, und Ihnen Ihren genauen Platz in der Ordnung des Universums zeigen. Sie können Ihnen, kurz gesagt, die transzendente Wirklichkeit der Seele eröffnen.

Was sind frühere Leben?

Wenn Sie sich Ihre Psyche wie einen Computer vorstellen, können Sie frühere Leben mit alten, beschädigten Programmen vergleichen, die das Funktionieren des Computers beeinträchtigen. Wie unerwünschte Dateien, die Sie nicht löschen können, laufen diese immer wieder in den tiefsten Tiefen Ihres seelischen Computers ab, entziehen ihm Leistungsreserven und führen dazu, dass er immer langsamer wird bis hin zum Stillstand. Die einfachen Meditationstechniken, die Sie in diesem Buch und auf der CD erlernen, wirken wie ein Programm zur Bereinigung der Festplatte, mit dem Sie die defekten »Programme« aus früheren Leben aufspüren und reparieren können, damit Ihr seelischer Computer wieder seine Spitzenleistung bringt.

Der seelische Computer ist ein komplexes System. Viele Programme laufen sowohl dicht an der Oberfläche in einer Schicht, deren wir uns bewusst sind, als auch tiefer in einer für uns unsichtbaren Schicht (vergleichbar mit einem Betriebssystem wie MS-DOS, das auf ungeheuer vielen Dateien und Codes beruht, die wir nie zu Gesicht bekommen, bis wir irrtümlich einmal auf die falsche Taste drücken.) Die Oberflächenschicht könnten wir das *Persönlichkeitsprogramm* und die Tiefenschicht das *Seelenprogramm* nennen. Probleme beim alltäglichen Funktionieren können das Ergebnis von Fehlern sein, die wir im Programm auf der Persönlichkeitsebene machen – so genannte Benutzerfehler –, und solche Probleme sind leicht zu beheben. Wenn wir beispielsweise übermäßig besorgt sind, dass wir zu spät kommen, oder uns anklagen, nicht ordentlich genug zu sein, können wir gewöhnlich unser Verhalten korrigieren, indem wir uns neue Gewohnheiten zulegen. Aber Probleme auf der Seelenebene – wie Depression, zwanghafte Sauberkeit oder irrationale Ängste vor Feuer, Höhen, Diebstahl und dergleichen mehr – entsprechen Mustern aus früheren Leben, die tief in unsere psychische Geschichte eingebettet sind. Sie können das verursachen, was beim Computer dem Absturz gleichkommt: schwere physische und emotionale Probleme in unserem gegenwärtigen Leben und schwer wiegende karmische Folgen für die Entwicklung der Seele.

Ich gestehe, dass ich mich erst spät im Leben mit Computern befasst habe und es mir wie vielen Menschen meiner Generation an der Leichtigkeit fehlt, die meine Kinder im Umgang damit haben. Ich hoffe, dass Sie dem Traditionalisten in mir verzeihen, der mit Begriffen wie »Seele« und »Unbewusstes« besser vertraut ist als mit dem Computerjargon –, und ich hoffe, dass Sie sich im Weiteren frei fühlen, meine Begriffe in Ihren eigenen Lieblingsjargon zu übersetzen. Ganz gleich, ob wir vom genetischen Code oder dem Zellgedächtnis sprechen, vom Betriebssystem der Psyche oder der Tiefengeschichte der Seele, die Kernaussage ist immer dieselbe: Wir werden alle von weitaus größeren Kräften und Mächten regiert, als wir wissen, und die stärkste von ihnen ist die so genannte »Vergangenheit«, ein gewaltiges psychisches Sammelbecken von alten Konditionierungen, die wir alle miteinander teilen, entstanden durch jahrtausendealte menschliche Erfahrungen, Irrtümer und Vergehen. Wie der Philosoph George Santayana so treffend bemerkte: »Wer sich nicht an die Vergangenheit erinnern kann, ist dazu verurteilt, sie zu wiederholen« – doch wenn wir lernen, uns zu erinnern, und dazu Werkzeuge benutzen wie jene, die Sie im Folgenden entdecken werden, beginnen wir, uns von der Macht der Vergangenheit zu befreien.

Die Reise eines Skeptikers

Die Auseinandersetzung mit früheren Leben ist für mich nur ein Schritt auf einer größeren persönlichen Reise. Ich habe zeitlebens verschiedene Religionen studiert: Als Heranwachsender war ich vom Hinduismus und dem Vedanta angezogen, und später begann ich eine Form der buddhistischen Meditation zu praktizieren. Mein Schwerpunkt beim Graduiertenstudium an der Londoner Universität war die Mystik. Meine Fachausbildung absolvierte ich am C. G. Jung-Institut in Zürich, weil ich mich in Jungs Psychologie der archetypischen Symbolik und des kollektiven Unbewussten vertiefen wollte. Später ging ich direkt bei Schamanen und spirituellen Heilern in Südamerika in die Lehre. Von ihnen lernte ich, dass viele unserer blockierten Gefühle und tieferen Probleme gelöst werden können, wenn unsere feinstofflichen Körper wieder ins Gleichgewicht gebracht werden, und dass uns aus den »höheren Welten« der Vorfahren und anderer Geistwesen viele geistige Hilfen zur Verfügung stehen. Besonders in Brasilien gibt es eine sehr fortgeschrittene spirituelle Psychologie von früheren Leben, die im Kardezismus wurzelt, einer dort weit verbreiteten spirituellen Lehre. In den vergangenen Jahren habe ich meine Arbeit in Brasilien fortgesetzt und Therapeuten im Tiefenerinnerungsprozess ausgebildet; und ich stehe der Umbanda- und Spiritismus-Bewegung des Landes sehr nahe. Musik und Dichtung – Tallis, Bach, Shakespeare, Rilke – haben mich von jeher inspiriert, wie auch die großen Sufi-Mystiker Rumi, Hafis und Sanai, die meine ständigen Begleiter sind.

Durch all diese Begegnungen und Methoden – zusammen mit meinen ziemlich erschütternden Erfahrungen aus früheren Leben – bin ich zur Überzeugung gekommen, dass es eine Wirklichkeit der Seele gibt, zu der alle mystischen Phänomene gehören. Sie lässt sich wissenschaftlich nicht nachweisen, weil es keine materielle Realität ist. Es ist eine geistige Realität, zugänglich nur durch geistige und psychologische Disziplinen, wie etwa Rückführungen, die die Pforten zur Seele aufschließen.

Als Therapeut und Lehrer, der seit über 20 Jahren mit Rückführungen arbeitet, bin ich immer wieder gefragt worden: »Warum sich mit früheren Leben beschäftigen? Haben wir nicht genug mit unserem jetzigen Leben zu tun?«

Manchmal gehe ich spielerisch darauf ein. »Ganz recht«, antworte ich. »Warum sollten wir uns überhaupt mit der Vergangenheit beschäftigen? Warum so viel Geld für Therapien verschwenden, die sich auf die Kindheit konzentrieren? Schließlich sind wir doch inzwischen alle erwachsen, nicht wahr?«

»Aber das ist doch etwas anderes«, erwidert mein Gesprächspartner dann vielleicht. »In meiner Kindheit sind mir tatsächlich schreckliche Dinge zugestoßen, und sie beeinflussen mich noch heutzutage.«

Dann spiele ich den Advocatus diaboli. »Können Sie beweisen, dass sie tatsächlich stattgefunden haben?«

»Nein, das kann ich nicht«, sagt mein Gegenüber. »Aber ich

erinnere mich lebhaft an sie. Tatsächlich würde ich sie gern vergessen.«

Ich nehme solche Fragen sehr ernst, denn als ich anfing, mich für Rückführungen zu interessieren, stellte ich dieselben Fragen – und das in einem solchen Maße, dass mein erstes Buch zu diesem Thema *Die vielen Leben der Seele* ursprünglich den Untertitel trug: »Ein Skeptiker entdeckt frühere Leben«. Ich werde mich bemühen, in den folgenden Kapiteln auf diese Fragen einzugehen. Aber ich muss betonen, dass mich ebenso wie viele andere nicht der »Beweis« überzeugt, sondern die persönliche Erfahrung.

Das Erlebnis, das mir die Zweifel nahm, liegt ungefähr 30 Jahre zurück. Ich lag auf dem Sofa, als Bilder aufzusteigen begannen, zuerst undeutlich, dann sehr lebhaft. Ich befand mich dabei im Frankreich des 13. Jahrhunderts mitten im heiligen Kreuzzug, den man später den Albigenserkrieg nannte. Ich sah die unbeschreiblichen Gräuel eines Massakers in einer von Mauern umgebenen Stadt, in der unzählige Unschuldige, die die Kirche als Ketzer abstempelte, verbrannt und niedergemetzelt wurden. Schlimmer noch: Ich sah, dass ich in der Rolle eines brutalen Söldners selbst zu den Schlächtern gehörte. Ich erlebte schmerzhaft einen Selbstmordversuch – den Sprung in einen Abgrund, in dem ich mit zerschmetterten Gliedern und in Todesqualen liegen blieb, und ich sah meinen eigenen fürchterlichen Tod durch das Feuer.

Eine Hollywood-Nachschöpfung? Kein Film, den ich je gesehen habe, kommt dem nahe. Glanzvoll? Nicht im Geringsten. Eine landläufige und klischeehafte Kritik lautet, dass bei Rückführungen immer ägyptische Prinzessinnen, Eroberer oder Frauen von Heinrich VIII. herauskommen – Personen von hohem Prestige, die einem New-Age-Lebenslauf gerade recht kommen –, aber mein Erlebnis strotzte von so viel Schande und Gewalt, dass ich kaum darüber sprechen konnte. Ich wollte es weit von mir weisen und mich nicht damit brüsten. Wie konnte diese Erinnerung etwas mit mir zu tun haben? Wenn das ein »früheres Leben« war, so dachte ich, würde ich besser daran tun, mich von dem Thema fern zu halten. Doch als ich dann die ganze Geschichte meines Söldnerlebens wiederentdeckte, immer mehr über sie nachsann (und die Fakten bei einem Besuch in der Stadt Béziers bestätigt fand, wo im Jahre 1208 über 20 000 Menschen massakriert wurden), fing ich an zu begreifen, dass diese Geschichte vieles in meinem Leben erklärte: eine angeborene Angst vor Feuer und vor Höhen, eine Schuld, die ich niemals abschütteln konnte, eine tiefe Abneigung gegen Militarismus und die meisten organisierten Religionen und fetzenartige Bilder von Folter und Tötungen, die ich jahrelang in Träumen und Meditationen gesehen hatte und an denen keine Psychotherapie etwas geändert hatte.

Angesichts dieser und anderer Erinnerungen, die ebenso lebhaft waren, legte ich meine Vorurteile langsam ab und begann wie Hamlet, nachdem er den Geist seines Vaters gesehen hatte, zu akzeptieren, dass es mehr Dinge im Himmel und auf Erden gibt, als unsere Schulweisheit sich träumen lässt. Seither habe ich buchstäblich Tausende von Menschen beobachtet oder unterstützt, die durch ähnliche Erfahrungen hindurchgegangen sind – lebensverändernde Reisen in die seelische Erinnerung, die helfen, die Traumata der Gegenwart aufzuhellen und zu heilen.

Reisen der Transformation

> Es gibt kein Ende. Es gibt keinen Anfang.
> Es gibt nur die unendliche Leidenschaft des Lebens.
>
> FEDERICO FELLINI

Ganz gleich ob es sich um Skeptiker oder Gläubige handelt, diejenigen, die sich dem Prozess der Tiefenerinnerung unterziehen, sind fast immer davon sehr berührt. Die Leben, an die sie sich erinnern, beinhalten eine große Vielfalt an Geschichten. Nicht alle sind ägyptische Prinzessinnen, sondern es sind Menschen aus Fleisch und Blut, und viele würde man nie in Geschichtsbüchern finden. Es sind Eingeborene, die einer Invasion, Plünderung oder Migration ausgesetzt sind. Es sind Staatsoberhäupter, die große Nationen lenken. Es sind Feudalherren und Völker mordende Tyrannen; Kaiser, Machtmenschen und Päpste; Arbeiter, Sklaven und Sklavenhalter. Es sind Mütter, die im Kindbett sterben, und Kinder, die verlassen werden, in die Versklavung geraten oder den Göttern geopfert werden. Es sind Opfer aller möglichen Katastrophen und Überlebende jeglicher Art von Unterdrückung, ob politisch, religiös oder sexuell. Es sind Helden, Feiglinge und Heilige; Befreier, Wohltäter und Märtyrer; intrigante Priesterinnen, gerissene Schamanen, gescheiterte Lehrer und hingebungsvolle Reformer. Es sind Volksverhetzer und Mitläufer, depressive Akademiker und betrunkene Chirurgen, unbedeutende Dichter und mittelmäßige Handwerker, puritanische Richter und professionelle Killer. Die Liste ist endlos – so wie das menschliche Leben.

Aber in jeder Sitzung – wie traurig oder gewalttätig, unerfüllt oder unerkannt sich das Selbst aus dem früheren Leben auch gefühlt haben mag, wie frustriert, nutzlos oder trostlos die Erinnerung auch sein mag – taucht der sich erinnernde Mensch schließlich aus dem vergangenen Körper auf und erkennt, dass das betreffende Leben vorbei ist, dass er die Schwierigkeiten und Wunden hinter sich lassen kann. Er oder sie hat die Chance, das vergangene Leben bewusst Revue passieren zu lassen, um damit Muster (oder, wenn es Ihnen lieber ist, Programme) zu erkennen und loszulassen, die vielleicht immer noch wiederholt werden; um zu vergeben oder um Vergebung zu bitten und vor allem um verloren geglaubte geliebte Menschen oder Lehrer in der geistigen Welt ausfindig zu machen, in der die leidende Seele Heilung, Weisheit und Frieden findet.

Während ich so viele Menschen durch die Höhen und Tiefen so vieler Leben begleitet habe und ihnen auf der großen Überfahrt in die Welten jenseits des Todes gefolgt bin, habe ich mich natürlich intensiv damit auseinander gesetzt, was auf diesen fantastischen Reisen in außergewöhnliche imaginäre Räume vor sich geht, und ich habe schließlich meine sämtlichen Annahmen darüber hinterfragt, was Erinnerung und Imagination eigentlich sind. Obwohl ich in der Jung'schen Tradition ausgebildet bin, in der Imagination als Sprache der Seele hoch geschätzt wird, habe ich heute nicht mehr den Eindruck, dass die Bilder, die uns in diesen Rückführungen begegnen, bloße Bilder (oder selbst archetypische Bilder) sind, und die Erklärung, wonach sie in irgendeinem veränderten Bewusstseinzustand auftreten, stellt mich nicht mehr zufrieden. So viele dieser Visionen sind so lebhaft und bewirken solch große Wandlungen bei den Menschen, die sie haben, dass sie von anderen, größeren Wirklichkeiten als unserer eigenen zu künden scheinen.

Langsam ist mir aufgegangen, dass ich mich, wenn ich meine Klienten und Schüler in ihre Innenwelten begleite und ihrer »Imagination« oder »Erinnerung« auf erstaunliche Seelenreisen folge, tatsächlich in eine andere Welt mit ihnen begebe: ein

Reich, das in vielen Kulturen die »feinstoffliche Welt« genannt wird, der *Mundus imaginalis*, eine Welt, die ihre eigene Wirklichkeit besitzt. Zusammen unternehmen sie und ich das, was die Schamanen *Reisen* nennen, indem wir eine hoch entwickelte Form von imaginativem Gewahrsein verwenden – eine visionäre Fähigkeit, die eng verwandt ist mit dem intuitiven Sinn, über den Hellseher und Mystiker verfügen. Ich habe schlicht und ergreifend festgestellt, dass wir, sobald wir diese mächtige Form des Gewahrseins ausbilden, zwischen den Wirklichkeiten hin und her pendeln und unmittelbar Welten jenseits der physischen Welt besuchen können, in denen wir einen feinstofflichen Zugang zu der universellen Quelle der Heilung, dem Geist, haben.

Ist es bloß Einbildung?

In unserer Kultur sind wir daran gewöhnt, alles, was nicht zur Konsensrealität passt, mit dem Satz abzutun: »Es ist bloße Einbildung«, was dasselbe ist, als würde man sagen: »Du hast es dir ausgedacht.« Wenn jemand einen Geist sieht, tun die Menschen es als Halluzination ab; wenn Kinder Dinge im Dunkeln sehen, sagen die Eltern: »Das bildest du dir ein, schlaf lieber ein.« Aus dieser Sicht ist Imagination oder Einbildung etwas Täuschendes; etwas von geringerem Wirklichkeitsgehalt. Doch die Millionen von Menschen, die jeden Tag zu nichtkörperlichen Wesen beten, von Jesus über Mohammed bis hin zu Lakshmi, tun es mithilfe ihrer »Einbildung« – ihrer Fähigkeit, sich im Innern ein Bild einer göttlichen Gestalt zu vergegenwärtigen. Halluziniert also jeder religiöse Mensch? Würden wir sagen, dass Jesaja, Hesekiel, die heilige Theresa, William Blake und C. G. Jung Menschen waren, die unter Täuschungen litten und sich ihre Visionen und Philosophien »ausgedacht« haben? *Imagination* oder Einbildung in einem so abschätzigen, verkürzten Sinn zu benutzen ist eine Entweihung ihrer Bedeutung. Visionäre Imagination ist die stärkste geistige Kraft, die wir haben; die Vorstellungskraft ermöglicht uns, sowohl unseren inneren als auch unseren äußeren Realitäten geistige Gestalt zu geben, zum Guten wie zum Schlechten.

Im Mittelalter unterschieden die Scholastiker zwischen zwei Arten des Denkens: der *Ratio* und dem *Intellectus*. Für sie gehörte die Ratio (gewöhnlich als »Vernunft« übersetzt) zum niederen

Vernunft Intuition

oder argumentierenden Verstand; der Intellectus (was sich am besten als »Intuition« übersetzen lässt und nicht mit dem modernen Begriff *Intellekt* zu verwechseln ist) galt als Bestandteil des höheren Selbst, das mit der universalen Wahrheit in Verbindung steht. Als eine Form von geistigem oder visionärem Bewusstsein ist er die Quelle aller Schöpferkraft, allen mystischen Bewusstseins und dessen, was manchmal *Gnosis* oder reine Erkenntnis genannt wird. Der verstorbene englische Weise und Mystiker Sir George Trevelyan, den ich die Ehre hatte zu kennen, behauptete, dass diese beiden Arten des Denkens den zwei Gehirnhälften entsprechen, der linken, die die rationalen Funktionen beherrscht, und der rechten, dic als Brücke zur intuitiven, mystischen Erkenntnis fungiert, als, wie er zu sagen pflegte, direkter Kanal zum Göttlichen.

Wenn ich hier über Imagination spreche, meine ich genau das: nicht erfundene Fantasie, sondern die visionäre Fähigkeit, die in uns allen steckt. Diese Fähigkeit ist sowohl die Sprache der Seele als auch das Tor zu ihr. Sie übersteigt Raum und Zeit und gibt uns Zugang zu ewigen Wirklichkeiten, die unser argumentierender Verstand nur undeutlich kennt. Visionäre, Mystiker und Charismatiker hatten von jeher Zugang zu ihr – und sie wurde von ihnen als heilige Fähigkeit betrachtet –, aber bei vielen Menschen liegt sie brach, bis sie geweckt wird. In den folgenden Kapiteln und den Übungen auf der CD werden Sie Methoden erlernen, um Ihre visionäre Fähigkeit zu wecken und sie zu benutzen, um Ihre eigene Reise der Heilung in die Tiefenerinnerung Ihrer Seele zu unternehmen. Ich möchte Sie einladen und Ihnen Möglichkeiten an die Hand geben, sich Ihr eigenes Bild zu machen und aus dem, was Sie vorfinden, Ihre eigenen Schlussfolgerungen zu ziehen. Ich kann Ihnen keinen hieb- und stichfesten Beweis liefern; was ich Ihnen anbieten kann, drückt der visionäre Dichter Hermann Hesse (ein Freund C. G. Jungs) wunderbar so aus:

> *Jede andere Wirklichkeit, nach der du dich sehnst, existiert nur in dir selbst. Ich kann dir nichts geben, was nicht bereits in dir selbst angelegt ist. Ich kann dir keine andere Bildergalerie öffnen als deine eigene Seele.*

KAPITEL EINS

Die Geschichte hinter der Geschichte

Wer sich nicht an die Vergangenheit erinnern kann,
ist dazu verurteilt, sie zu wiederholen.

GEORGE SANTAYANA

Wenn die Therapie keinen Erfolg hat

Viele Probleme, mit denen sich Menschen an Therapeuten wenden, lassen sich unschwer auf die Kindheit zurückführen – Ereignisse wie Verlust, Missbrauch, Tragödien und so fort –, aber es gibt eine Reihe von Problemen, deren man in jahrelanger Therapie nie Herr zu werden scheint. So kommen viele meiner Klienten mit Gefühlen tiefer Trauer oder völlig unerklärlichen Phobien – beispielsweise der Angst, im Meer zu ertrinken, obwohl sie nie eine Schiffsreise unternommen haben –, die sich aus ihren Erfahrungen im gegenwärtigen Leben nicht erklären lassen. Immer wieder sagen sie, dass sie, seit sie denken können, von einem ganz bestimmten Gefühl heimgesucht wurden, von Fantasien über bestimmte Länder, Gedanken an gewisse unangenehme Todesarten oder der starken Überzeugung, dass sie in einer anderen Zeit jemand anders waren.

Solche Gedanken sollte man keinesfalls abtun. Tatsächlich

sprechen die zahlreichen Fälle von Erinnerungen an frühere Leben, die sich in Therapie und Forschung gleichermaßen angesammelt haben, fast unwiderlegbar dafür, das wissenschaftliche Dogma (denn es ist ein Dogma) von der *Tabula rasa* – der Vorstellung, dass der Geist bei der Geburt eine »leere Tafel« ist – aufzugeben. Allmählich dämmert immer mehr unvoreingenommenen Forschern und gewöhnlichen Lesern, dass ein Großteil unserer Schwierigkeiten von Problemen herrührt, mit denen wir geboren wurden, dass die Seele ihre eigene Geschichte hat. Aus dieser Sicht ist die »Rückführungstherapie«, wie sie seit einigen Jahren genannt wird, in hohem Maße eine Tiefenpsychologie, eine Psychologie der Seele und ihrer tiefgreifenden, von der gesamten Geschichte der Menschheit übernommenen Belastungen. Der große französische Philosoph Michel de Montaigne schrieb in seinen *Essais*: »Jeder Mensch trägt den Stempel der gesamten *Condition humaine*.«

Wenn also eine konventionelle Therapie, deren Schwerpunkt auf unseren Erfahrungen in diesem Leben liegt, erfolglos bleibt, kann der Grund einfach der sein: Der Therapeut sucht nach dem Trauma, also dem Vorfall, der die psychologische Störung verursacht hat, am falschen Ort.

Wendy: Die Besorgnis einer Mutter

»Ich hätte sie nie allein lassen dürfen.«

Eine meiner Klientinnen – eine Mutter, die ich Wendy nennen will – hatte jedes Mal schreckliche Angstattacken, wenn ihre Kinder zur Schule gingen oder sich auch nur beim Spielen mit anderen Kindern nicht in der Nähe des Hauses aufhielten. Sie ertrug es nicht, dass sie länger von ihr fern waren, selbst wenn sie beispielsweise an Veranstaltungen wie einem Sommerlager teilnahmen. Sie wusste, dass sie ihnen damit keinen guten Dienst erwies, und tat ihr Bestes, um ihre Ängste zu überwinden. Doch als die Kinder älter wurden, blieben die irrationalen Ängste bestehen. Sie machte sich ständig Sorgen um sie und rief sie laufend an, selbst als sie erwachsen waren und eine eigene Familie gegründet hatten. Nachdem eine Freundin zu Besuch gekommen war und ihre kleinen Kinder mitgebracht hatte, kam Wendy zu mir, weil die Panikattacken mit großer Heftigkeit zurückkehrten – nur lösten jetzt fremde Kinder Wendys tiefe Bedrohungsgefühle aus.

Wendy hatte im Laufe der Jahre mehrere Therapien durchprobiert, ohne dass ihre Besorgnis je wirklich von ihr gewichen war. Natürlich hatte sie sich mit ihrer Kindheit auseinander gesetzt, doch das Einzige, was ihr einfiel, war ihre Panik, als ihre Mutter sie mit sechs Jahren in den Schulbus gesetzt hatte. Nichts war damals geschehen, was ihre Angst hätte erklären können. Anscheinend hatte sie sich als kleines Mädchen einfach gefürchtet, ihr Zuhause und ihre Mutter zu verlassen.

Als wir bei einer Rückführungssitzung tiefer bohrten, fanden wir heraus, dass Wendy in einem früheren Leben ein Indianerjunge gewesen war. Sie erlebte wieder, wie der zehn- oder elfjährige Junge mit seinem Vater auf die Jagd ging in einer Zeit, als die Weißen ihren Stamm vom Land vertrieben. Bei der Rückkehr sah er, wie das Lager der Familie am Flussufer angegriffen wurde. Als er aus dem Wald trat, wurden seine Mutter, sein jüngerer Bruder und seine Schwester direkt vor seinen Augen vergewaltigt und getötet. Er und sein Vater stürmten los, um die Angreifer mit Messer, Pfeil und Bogen abzuwehren. Der kleine Junge warf sich mutig auf sie, doch die Weißen mit ihren überlegenen Waffen schossen beide nieder. Der Höhepunkt der Rückführung kam, als der kleine Junge starb und sich dabei furchtbar verantwortlich für den Tod seiner Familie fühlte, obwohl er und sein Vater tatsächlich machtlos gewesen waren.

Sein letzter Gedanke lautete: »Ich hätte sie nie allein lassen dürfen.«

Als Wendy diese Geschichte zu Bewusstsein kam, wurde ihr klar, dass ihre Ängste in der Kindheit und ihre Besorgnis um ihre Familie mit diesem Indianerjungen aus der Vergangenheit zusammenhingen. Bis zu unserer Sitzung hatte sie immer noch Angst gehabt, dass die Gräuel sich auf irgendeine Weise wiederholen könnten. Allein das Wissen, dass dieses Leben ein alter Film war, der im Hintergrund ihres Bewusstseins lief, half ihr, ihn zu löschen und einen Großteil ihrer Angst loszulassen. Es bedarf manchmal noch weiterer Arbeit, um tiefe Angstgewohnheiten zu durchbrechen – aber jetzt konnte Wendy sich zumindest ehrlich sagen: »Heutzutage ist meine Familie sicher. Das ist bloß eine alte Geschichte. Ich kann sie loslassen.«

Die Geschichte hinter der Geschichte suchen

Wir wissen, dass viele Menschen ähnlich wie Wendy Muster von Angst, Schuld und zwanghafter Besorgnis mit sich herumtragen. Klinisch werden diese Muster als »Phobien« oder »Angststörungen« klassifiziert, doch die psychiatrische Literatur kann selten genau angeben, wie sie entstehen. Am rätselhaftesten an diesen Gefühlen ist der Umstand, dass sie schlicht irrational sind. Ihr Inhalt ergibt an und für sich keinen Sinn, und die Angst steht in keinem Zusammenhang mit der Erfahrung im jetzigen Leben. Ein Mann, der weder jemals niedergestochen

wurde noch sich schlimm geschnitten hat, kann große Angst vor Messern haben, eine Frau, die nie schwere Verbrennungen erlitten hat, fürchtet sich möglicherweise vor Feuer. Nach Erklärungen für solche Ängste in der Kindheit zu suchen scheint sie nicht aufzulösen. Oft ist das Problem, wie in Wendys Fall, in der Kindheit schon voll ausgebildet.

Aus der Sicht der Rückführungstherapie ist das nicht überraschend. Bei den Dingen, vor denen wir uns fürchten – Feuer, Ertrinken, Gewehre, Explosionen, wilde Tiere, geschlossene Räume, Menschenmengen, Flüge –, handelt es sich gar nicht um Kindheitstraumata, sondern um seelisch vererbte Ängste, Relikte aus früheren Leben, die wir immer noch tief in dem psychischen System mit uns herumtragen, das wir das Unbewusste oder die Seele nennen. Die Gräuel, vor denen wir uns am meisten fürchten, sind in Wirklichkeit jemand anderem zugestoßen, aber dieser »andere« ist heute immer noch in uns als eine eingravierte Erinnerung aus einem Leben, das vorüber ist, auch wenn die Figur aus dem früheren Leben das nicht weiß.

Wenn wir erkennen, dass die irrationale Angst aus der Erfahrung in einem anderen Leben stammen kann, können wir uns auf die Suche nach dem machen, was ich die »Geschichte hinter der Geschichte« nenne – dem alten Film wie bei Wendy, der im Hintergrund des Bewusstseins läuft. In dieser Hinsicht kann uns eines von Freuds Konzepten helfen: der Begriff des Wiederholungszwangs, den er als den unkontrollierbaren Zwang definierte, alte Verhaltensweisen oder Geschichten, derer wir uns nicht mehr bewusst sind, wieder aufzuführen. Wenn wir diese Theorie über eine einzelne Inkarnation hinaus erweitern, können wir rasch sehen, dass das neurotische Verhalten eines Menschen, obwohl irrational in der Gegenwart, vollkommenen Sinn im Rahmen einer Geschichte aus einem früheren Leben ergeben kann. Die Frau mit der Feuerphobie ist vielleicht auf dem Scheiterhaufen gestorben; der Mann, der vor Menschenansammlungen Angst hat, wurde möglicherweise bei einem Aufstand niedergetrampelt; das Kind, das sich vor lauten Geräuschen fürchtet, trägt vielleicht Erinnerungen an einen Tod auf dem Schlachtfeld in sich; und der Erwachsene mit der Flugangst könnte in einem früheren Leben als Kriegspilot abgeschossen worden sein. Alle diese Geschichten wurden in den Annalen der Rückführung in zahlreichen Varianten aufgezeichnet. Sie zeigen uns, dass jedes Problem – wie irrational es auch als isoliertes Symptom erscheinen mag – den Schlüssel zu einer verborgenen Geschichte liefern kann: die Art und Weise der Seele, ihren tiefsten Schmerz zu offenbaren.

Cheryl: Angst vor Publikum

Relikte aus einem Leben im alten Rom

Eine weit verbreitete Angst ist die Angst, vor vielen Menschen aufzutreten oder zu sprechen. Dieses lähmende Problem kann auch in kleinen Gruppen auftreten, wie es für meine Studentin Cheryl galt, eine junge ausgebildete Psychotherapeutin, die an einem meiner Workshops über den Prozess der Tiefenerinnerung teilnahm. Cheryl war eine sehr begabte Therapeutin, aber sie litt von jeher an lähmenden Panikattacken, wenn sie sich vor anderen äußern sollte. Bis zum dritten Tag des Workshops hatte sie diese Angst erfolgreich dadurch vermieden, dass sie ihren Kopf absichtlich tief in ihre Notizen steckte und so wenig wie möglich sagte. An dem betreffenden Morgen ging es jedoch um Angst, und als wir auf Angst in Gruppen zu sprechen kamen, löste die bloße Erwähnung des Themas eine Panikattacke bei ihr aus. Sie begriff, dass sie über das, was in ihr vorging, reden musste, und schließlich überwand sie ihre Angst so weit, dass sie sich äußern konnte, obwohl sie heftiges Herzklopfen, feuchte Hände und Magenkrämpfe hatte.

Das folgende Protokoll ist typisch dafür, wie man die »Geschichte hinter der Geschichte« untersuchen kann – in diesem Fall die Geschichte hinter der Geschichte von Cheryls Kindheit.

Cheryl: Es fällt mir sehr schwer, es vor der Gruppe zu erzählen, aber ich hatte gerade eine sehr starke Rückblende. Ich sah mich als kleines Mädchen in einem weißen Kleid bei einer Weihnachtsparty. Die ganze Familie war im Zimmer versammelt. Ich kann nicht ins Zimmer gehen. Ich habe furchtbare Angst. Sie starren mich alle an. Und meine Schulter tut sehr weh.

Roger: Schließen Sie Ihre Augen, und seien Sie wieder das kleine Mädchen in dem weißen Kleid, das im Begriff ist, das Zimmer zu betreten.

Cheryl (*zitternd, Tränen in den Augen*): Ich kann nicht. Ich kann nicht hineingehen. Sie schauen alle auf mich herab. Ich hasse dieses weiße Kleid. Warum soll ich es unbedingt tragen? Ich habe furchtbare Angst. Gleich passiert etwas Schreckliches. (Sie schluchzt tief.)

Roger (*der ihr vorsichtig hilft, sich auf das Bild zu konzentrieren*): Gehen Sie in das Zimmer. Gehen Sie durch. Es kann Ihnen heute nichts anhaben.

Cheryl: Ich bin total starr. Ich bin im Zimmer, und alle sagen: »Was für ein schönes Kleid. Wie hübsch!« Ich kann sie nicht anschauen. Ich schäme mich und habe solche Angst.

Roger: Was geschieht nun?

Cheryl: Nichts. Ich fühle mich irgendwie besser. Es hat nichts mit meiner Familie zu tun. Es waren die Tür und das Kleid.

Roger: Kehren Sie zu dem furchterregendsten Augenblick zurück, gerade bevor Sie durch die Tür gehen. So ist es richtig. Bleiben Sie bei der Angst. Atmen Sie ein. Ich zähle jetzt bis drei, und dann lassen Sie das schlimmste Bild hochkommen, das Sie von etwas Furchtbarem in sich haben. Eins, zwei, drei!

Cheryl (*fast kreischend*): Hilfe, da ist eine riesige Menschenmenge. Sie schreien von oben auf mich herunter. Ich bin eine erwachsene Frau in einem weißen Kleid. Ich bin in Rom. Sie werden uns gleich töten. Ein Löwe! Mein Arm! Ich bin nicht mehr in der Arena. Ich schwebe darüber und schaue nach unten. (*Sie hat ihren Arm angefasst und sich schmerzverkrümmt über ihn gebeugt. Sie schluchzt, dann lässt der Schmerz allmählich nach, und sie fühlt sich erleichtert. Nachdem sie einige Minuten geschluchzt hat, ist sie schließlich imstande zu sprechen.*) Ich habe mich als einen der ersten Christen gesehen. Es war eine römische Arena. Kein Wunder, dass ich weiße Kleider und laute Gruppen verabscheue. Gott sei Dank, dass es vorbei ist.

Auf der tiefsten Ebene stammte Cheryls Angst daher, dass ihr Unbewusstes Öffentlichkeit mit einem demütigenden Tod in Verbindung brachte. Rückblickend können wir sehen, dass es für sie mehrere »Auslöser« gab. Der eine war, vor einer Gruppe zu stehen – der Ausbildungsgruppe und früher ihrer Familie.

Das war die oberste Schicht. Der zweite Auslöser bestand darin, dass Leute von oben auf sie herunterschauten, denn in den römischen Arenen blickte die Menge auf das schreckliche Schauspiel hinunter. Den dritten Auslöser bildete das weiße Kleid.

Auffällig hier ist, dass Cheryls Panik anfänglich von einem Kindheitsereignis herzurühren schien, wie es die konventionelle Therapie vorhersagen würde. Doch ihre Kindheitserinnerung legte nicht die Ursache der irrationalen Angst frei; sie war bloß ein allererstes Beispiel dafür, auf welche Weise die Angst ausgelöst wurde. Eindeutig brachte Cheryl die Angst vor Gruppen bereits bei der Geburt mit, und sie schlummerte so lange, bis sie durch bestimmte Situationen, wie die Weihnachtsparty, geweckt wurde. Viele unserer Ängste funktionieren nach diesem Schema. Doch es gibt immer eine tiefere Geschichte, die den Grund für die lähmende Reaktion der Seele offenbart, und wenn wir die Geschichte wieder erleben, beseitigen wir ihre emotionale Ladung, wie einen tief liegenden seelischen Splitter, der empfindlich reagiert, wenn das Gewebe in seiner Umgebung berührt wird.

Es gab ein weiteres wichtiges Element in Cheryls Rückführungserfahrung: den intensiven Schulterschmerz, der tatsächlich nachließ. Solche Schmerzen, die bei vielen Rückführungen auftreten, werden ausführlicher in Kapitel 6 erörtert.

Peter: Der Todeswunsch eines Heranwachsenden

»Ich werde nicht lange leben«

Nicht bei allen Rückführungen muss zuerst eine in der Kindheit liegende traumatische Schicht abgeschält werden, und nicht bei all unseren Geschichten geht es um Angst. Manche Probleme können in der Kindheit inaktiv sein, nur um dann in der Jugend oder noch später im Leben ausgelöst zu werden. Mein letztes Beispiel von einer »Geschichte hinter der Geschichte« handelt von einem wütenden, gestörten Jugendlichen, den ich Peter nennen will.

Mit ungefähr 17 Jahren begann Peter, sehr stark gegen seine Eltern, seine Lehrer und so gut wie jeden in seiner Umgebung zu rebellieren. Man könnte es den üblichen »jugendlichen Protest« nennen. Er wurde in Streitereien in Kneipen verwickelt, trank zu viel, und wenn er ein Auto zu fassen bekam, fuhr er zu schnell. Er hatte eine Reihe von schlimmen Motorradunfällen. Für einen Beobachter sah es so aus, als wolle er sich umbringen. Er hätte das vermutlich geleugnet; es war ihm überhaupt nicht bewusst. Als wir jedoch nach der Geschichte hinter der Geschichte fahndeten, entdeckten wir, dass er unbewusst eine Geschichte noch einmal durchlebte, in der er tatsächlich ums Leben gekommen war.

Er fand sich in einem früheren Leben als unerfahrener Rekrut wieder, der zum Dienst in der britischen Armee gezwungen wurde. Er wurde von seinen Vorgesetzten brutal behandelt, sexuell missbraucht und als Kanonenfutter in eine schreckliche Schlacht irgendwo in Europa geschickt.

Bei der Rückführung erlebte Peter sich als den jungen Soldaten, der schwer verwundet wurde und allein gelassen, umgeben von Toten, auf dem Schlachtfeld verblutete. »Es ist ungerecht«, stöhnte er. »Warum passiert mir das? Ich habe noch gar nicht gelebt. Ich hätte heiraten, Kinder haben und einen kleinen Laden besitzen können. Ich hasse diese Scheißkerle und ihre dummen, sinnlosen Kriege. Sie benutzen uns nur. Ihnen geht es nur um ihren eigenen Ruhm, alles andere interessiert sie nicht. Diese elenden Heuchler! All dieser Mist, dass wir ›fürs

Vaterland‹ sterben. Es ist alles eine große Lüge.« Er konnte seinen Hass und seine Enttäuschung darüber, wofür der Krieg und insbesondere seine Anführer standen, nicht verwinden. Diese ungeheure Wut mischte sich tief mit der Angst und der Gewalt, die in seinem Inneren und im Äußeren gleichermaßen herrschte aufgrund des ganzen Chaos um ihn herum, als er starb. Verzweifelt nahm der sterbende Soldat den verheerenden Gedanken mit: »Die Welt ist gefährlich, und ich werde nicht sehr lange leben.«

Diese Geschichte kam erst zum Vorschein, als Peter ein Jugendlicher war, da sie mit diesem Alter zu tun hatte. In dem früheren Leben, das er mit sich herumtrug, war er mit ungefähr 17 Jahren gestorben. Sein gesamter sinnloser »Protest« in der Gegenwart war eine direkte Folge dieser schmerzhaft unvollendeten Geschichte aus einem früheren Leben, eine Geschichte, die in meinen Fallnotizen immer wieder in zahlreichen Varianten aufgetaucht ist.

Es war für Peter eine große Befreiung, als ihm die Geschichte hinter der Geschichte bewusst wurde. Er konnte jetzt verstehen, was ihn motiviert hatte und wie er mit der irrationalen, aber nachvollziehbaren Wut und Verzweiflung darüber umgegangen war, dass er nicht mehr lange leben würde. Er gab sein selbstzerstörerisches Verhalten rasch auf und konzentrierte seine unbändige jugendliche Energie auf den Sport und darauf, sich fürs College zu qualifizieren, und bei beidem war er sehr erfolgreich.

KAPITEL ZWEI

Wie wir uns an frühere Leben erinnern

Es gibt für jeden Menschen irgendeine Szene, irgendein
Abenteuer,
irgendein Bild, welches das Abbild seines geheimen Lebens ist,
denn die Weisheit spricht zuerst in Bildern,
und würde er sein Leben lang über dieses eine Bild
nachsinnen,
so würde es seine Seele, gelöst von den bedeutungslosen
Umständen
und der Ebbe und Flut der Welt, in das ferne Zuhause führen,
wo die unsterblichen Götter all jene erwarten,
deren Seele so einfach wie eine Flamme,
deren Körper so still wie eine Achatlampe geworden ist.

W. B. YEATS

Metaphysik und die Sprache der Seele

Mithilfe der Wissenschaft können wir die tiefen Geheimnisse des grobstofflichen Universums ergründen, aber wenn wir wirklich die Geheimnisse der Erinnerung, der Imagination und der visionären Erfahrung – und unter anderem auch der Rückführung – verstehen wollen, müssen wir über das konventionelle wissenschaftliche Denken hinausgehen. Interessanterweise heißt das griechische Wort für »darüber hinaus« oder »jenseits« *meta*. Den meisten Menschen ist zumindest dem Titel nach Aristoteles' *Metaphysik* bekannt, jenes Werk, das der große griechische Philosoph nach seiner *Physik* verfasste und in dem er über das Studium der rein materiellen Welt hinausging.

Wenn wir über Erinnerungen an frühere Leben sprechen, müssen wir uns also dessen bewusst sein, dass sie nicht einfach dem physischen Bereich angehören, sondern sich von höheren oder feinstofflicheren Wirklichkeiten ableiten. Wenn der

Dichter Wordsworth sagt: »Mit Wolken der Herrlichkeit im Gefolge kommen wir von Gott her, der unsere Heimat ist«, so erinnert uns seine eindrucksvolle poetische Sprache daran, dass das Bewusstsein des neugeborenen Kindes ein leuchtendes Bewusstsein ist, eines, auf dem die feinstoffliche Wirklichkeit, die Wirklichkeit der Seele, ihren Abdruck hinterlassen hat. Derselbe Gedanke begegnet uns auch in anderen Traditionen, wie etwa der Astrologie, der zufolge die Seele bei der Geburt (oder der Zeugung laut chinesischer Astrologie) bereits ihre Lernaufgaben mitbringt. Das hat nichts mit Physiologie und Genetik zu tun. Es ist der Abdruck der seelisch determinierten Muster, die von einer höheren Wirklichkeitsebene stammen, der nichtmateriellen Schwingungsfrequenz (um ein Bild aus der Wissenschaft zu borgen), die zum höheren Selbst gehört.

Aristoteles gestand offen ein und folgte damit seinem großen Lehrer Platon, dass es eine andere Ebene gibt, die studiert werden muss, eine jenseits der physischen, die über sie hinausgeht und höher als sie ist. Beachten Sie, dass bei all diesen Bildern räumliche Assoziationen mitschwingen. Sie implizieren eine andere Art Raum: seelischen Raum, das heißt geistige Wirklichkeit. Doch um Zugang zu höheren Wirklichkeiten – und unserem eigenen höheren Selbst – zu bekommen, müssen wir keine Leiter hochklettern oder das Gehirn sezieren. Vielmehr muss sich unser Bewusstseinszustand ändern. Die schlichte Wahrheit lautet nämlich, dass wir imstande sind, diesen anderen Wirklichkeiten zu begegnen, sobald wir unsere Aufmerksamkeit auf ruhige, meditative Weise nach innen lenken – auf das riesige seelische Reich der Traumbilder, Erinnerungen und Visionen, das wir alle in uns haben.

In der transpersonalen Psychologie erfahren wir, dass wir, wenn wir über die transzendente Wirklichkeit sprechen wollen, durch die uns ein höheres Bewusstsein und Erinnerungen aus früheren Leben zufließen, zwischen verschiedenen Persönlichkeitsschichten unterscheiden müssen. Mit anderen Worten: Wir müssen nicht nur von einem gewöhnlichen Alltagsselbst, sondern auch von einem höheren Selbst sprechen. Und dafür gibt es viele Vorläufermodelle in den heiligen Überlieferungen und der esoterischen Literatur.

Aus der Perspektive des irdischen Lebens ist es üblich, das Selbst, das sich mit der Alltagsrealität beschäftigt, das *Ich* oder die *Persönlichkeit* zu nennen. Dieses Ich entwickelt sich vom Kind zum Erwachsenen und wird zu unserem *biographischen Selbst*.

Seine Gedanken, Gefühle, Erinnerungen und Wahrnehmungen sind der Gegenstand der konventionellen Psychologie, die unsere Persönlichkeit studiert. Aber wenn wir von Dimensionen sprechen wollen, die die physische Welt transzendieren – von Begegnungen und Zuständen, in denen Menschen mystische Verzückungen, ein kosmisches Bewusstsein und schamanische Reisen in andere Welten erleben –, schlägt die transpersonale Psychologie zu Recht die Existenz eines seiner selbst gewahren Bewusstseins vor, eines größeren oder höheren Selbst.

Das »himmlische Auge« öffnen

Sobald sich unser Bewusstsein durch das Üben von meditativen, visionären oder Trance-Zuständen verändert oder erweitert, sind wir sehr viel stärker in Kontakt mit diesem größeren Selbst und seinem höheren, luzideren Bewusstsein. Wenn wir die grobstofflichen, eindimensionalen Wahrnehmungen unserer diesseitigen Persönlichkeit transzendieren, können uns Wirklichkeiten weit jenseits der physischen Wirklichkeit bewusst werden. Wir lernen, auf eine Art zu sehen, die die Alten *sub spe-*

cie aeternitatis nannten, was »unter dem Gesichtspunkt der Ewigkeit« bedeutet. In den frühbuddhistischen Schriften findet sich eine Predigt, in der Buddha etwas ganz Ähnliches sagt:

> *Mit dem geläuterten himmlischen Auge und jenseits des Bereichs der menschlichen Schau sah ich Wesen verschwinden und wieder ins Dasein treten. Ich sah Hohe und Niedrige, Große und Unbedeutende und wie jeder, seinem Karma entsprechend, eine günstige oder schmerzvolle Geburt erlangte.*

Diese feinstoffliche Schau ist nicht annähernd so schwer zu erreichen, wie man denken könnte. Vielen Menschen ist sie bereits durch die Arbeit mit Träumen vertraut; tatsächlich ist es dasselbe Bewusstsein, das im Traum bei uns ist, besonders wenn wir es bis zum Grad des luziden Träumens ausgebildet haben. In diesem Buch werden Sie viele Gelegenheiten haben, Ihr »himmlisches Auge« zu entwickeln, zusammen mit den anderen feinstofflichen Sinnen, die uns in meditativen oder visionären Bewusstseinszuständen zur Verfügung stehen.

Der Schlüssel zum Öffnen des himmlischen Auges liegt darin zu lernen, mit Bildern zu arbeiten und unsere Fähigkeit zu entwickeln, lebhaft und tief zu imaginieren. Imaginieren bedeutet nicht immer visualisieren. Manche Menschen hören Bilder; ihre Imagination ist auditiver ausgerichtet als die anderer. Einige Menschen fühlen oder spüren Bilder; sie wissen, wie es sich anfühlt, körperlich an einem bestimmten Ort zu sein, die Umgebung zu empfinden, einen anderen Körper zu haben. Stückeschreiber und Filmemacher beispielsweise sind oft hoch intuitiv, was ihre physischen Bilder angeht; sie können in der Fantasie mit unglaublicher Präzision Szenen arrangieren, bevor sie sie auf der Bühne oder im Film realisieren. Doch jeder imaginiert auf etwas andere Weise. Wenn wir keine klaren visuellen Bilder haben, haben wir stattdessen vielleicht starke kinästhetische oder physische Bilder.

Imagination: Eine Brücke zu den feinstofflichen Welten

Ich glaube, dass Imagination in ihrer höheren Form (im Gegensatz zur Fantasie, der niederen oder ichbezogenen Form) die Brücke zu den transpersonalen Wirklichkeiten der Seele bildet, dem transzendenten Teil der Persönlichkeit, den wir das *Selbst* genannt haben. Diese Ebene der Wirklichkeit wird auch die *feinstoffliche* oder *geistige Welt* genannt. Im Platonismus, Hinduismus und Buddhismus, die alle dem Gedanken der Seelenwanderung anhängen, heißt sie die *Zwischenwelt*, eine Wirklichkeit zwischen dieser Welt und der Welt reinen Lichts. (Im tibetischen Buddhismus wird dieser dazwischen liegende Ort *Bardo* genannt.) Diese unermessliche, unendliche Welt jenseits der grobstofflichen Welt bildet nicht nur die Quelle aller Menschheitserinnerungen und -erfahrungen, sondern auch aller Träume und Visionen.

In der indischen Tradition stellt man sie sich als universales kosmisches Substrat oder feinstoffliches Schwingungsfeld vor, genannt *Akasha*, das jede Gestalt oder jedes Ereignis in Raum und Zeit, ob grobstofflich oder seelisch, durchzieht und ihm zugrunde liegt. (Edgar Cayce, ein Medium, das frühere Leben sehen konnte, sprach von der *Akasha-Chronik*). Der Gelehrte Joseph Campbell nannte es die *mythische Wirklichkeit*. Die Ureinwohner Australiens nennen es *Traumzeit*.

Für uns Menschen in der modernen Welt bleibt die Traumzeit weitgehend ein Mysterium, weil wir sie als Kultur lange Zeit nicht ernst genommen haben. Wir sind zu sehr verstrickt in die grobstoffliche Welt, um sie zur Kenntnis zu nehmen, außer in Zuständen von Zerstreutheit oder Abkehr. Und doch ist sie permanent da und wartet darauf, dass wir sie besuchen. Wir können sie wie Alice im Wunderland durch das Kaninchenloch betreten, wie bei der schamanischen Reise, oder wir können die Brücke der Imagination überqueren. (In der Tat ist in der imaginären Geographie bei den meisten Reisen in die Anderwelt tatsächlich ein formales Überqueren oder ein Übergangsritus nötig: ein Tunnel, eine Tür, ein Korridor, eine Brücke, ein Fenster, ein Tor, das sich zur anderen Seite öffnet.)

In imaginäre Zeiten und Räume reisen

Als kleinen Test Ihrer Imaginationsfähigkeit gebe ich ein kurzes Gedicht des englischen Dichter Robert Ranke-Graves wieder, das *Warnung an Kinder* heißt. Es richtet sich an das verspielte und neugierige Kind in uns, dessen Fantasie durch ein Übermaß an rationaler Erziehung noch nicht völlig zum Erliegen gebracht wurde.

Kinder, wenn ihr an die
Größe, Seltenheit, Vielheit,
Wenigkeit dieser kostbaren, einzigen,
endlosen Welt zu denken wagt, in der ihr,
wie ihr sagt, lebt, denkt ihr an Dinge wie diese:
Schieferblöcke, die rotgrünes Geäder einschließen,
das goldbraune Netze einschließt,
die schwarzweiße
Dominofelder einschließen
auf denen ein Paket in säuberlichem, braunem Papier
euch verlockt, die Schnur zu öffnen.
Im Paket eine kleine Insel,
auf der Insel ein großer Baum,
auf dem Baum eine Frucht mit rauer Schale.
Schält sie ab und legt das Innere frei:
Im Kerngehäuse werdet ihr
Schieferblöcke sehen, eingeschlossen von
rotgrünem Geäder, eingeschlossen
von goldbraunen Netzen, eingeschlossen
von schwarzweißen Dominofeldern,
auf denen dasselbe braune Paket –

Kinder, lasst die Finger von der Schnur!
Denn wer es wagt, das Paket zu öffnen,
befindet sich sofort darin,
auf der Insel, in der Frucht,
Schieferblöcke über dem Kopf,
eingeschlossen von rotgrünem Geäder,
eingeschlossen von goldbraunen Netzen,
eingeschlossen von schwarzweißen Dominofeldern,
während er immer noch dasselbe braune Paket
ungeöffnet auf den Knien hält.
Und wenn er es dann wagen sollte, an die
Wenigkeit, Vielheit, Seltenheit,
Größe dieser endlosen einzigen
kostbaren Welt zu denken, in der er, wie er sagt,
lebt – dann öffnet er die Schnur.

Beachten Sie beim Lesen des Gedichts, wie schnell Sie sich in Ihrer Imagination durch die Wirklichkeiten bewegen, wie Sie in Bruchteilen von Sekunden vom Paket zur Insel zum Baum zur Frucht und wieder zurück gleiten. In der Fantasie können wir überall hingehen und auf der Stelle an jedem beliebigen Ort sein. Das heißt nicht, dass wir uns physisch dorthin begeben, sondern dass wir in der »Anderwelt« reisen, die diese hier spiegelt. Dem Sufi-Philosophen Al-Ghazali zufolge ist die höhere Welt ein geistiges Abbild der niederen Welt, sodass wir, wenn wir in der visionären oder imaginären Welt reisen, uns tatsächlich in eine andere Realität begeben.

Genau das geschieht bei Reisen in frühere Leben. Wenn wir den riesigen Erinnerungsschatz anzapfen, der sowohl uns als auch der ganzen Menschheit gehört, können wir uns sofort an jeden beliebigen Ort in der Geschichte versetzen. Es ist kein langsamer, mühsamer Prozess; er unterscheidet sich in nichts davon, sich an Ereignisse in diesem Leben zu erinnern. Wenn ich Sie frage: »Erinnern Sie sich an das letzte Weihnachtsfest?«, können Sie sofort Bilder abrufen, beinahe so rasch wie ich sie suggeriere. Wenn ich sage: »Erinnern Sie sich an das Haus, in dem Sie aufgewachsen sind«, ist das Bild sofort da. Unser Abrufvermögen funktioniert ein wenig wie bei einem Computer – wir können diese Erinnerungsprogramme einfach dadurch abrufen, dass wir sie benennen. Jedes Bild ist mit einem Namen verknüpft und umgekehrt. Wenn Sie etwas mit Worten benennen können, können Sie auch ein Bild dazu aufrufen.

CD-ÜBUNG 1

Eine Erinnerungsübung: An Kinderspiele zurückdenken

Jetzt können Sie vielleicht beginnen, sich in der Kunst der Erinnerung und Imagination zu üben. Für die meisten Menschen ist es ein guter Anfang, in der Kindheit zu beginnen, in der der Spieltrieb und die Affinität zur Fantasie besonders stark sind.

In dieser Übung werden Sie angeleitet, mithilfe der freien Assoziation in Ihre Kindheit zurückzugehen und sich allerlei Dinge vorzustellen, die Sie einmal getan oder erlebt, aber vielleicht vergessen haben. Sie werden überrascht sein, wie lebhaft alle möglichen Erlebnisse ganz spontan auftauchen, sobald Sie sich einfach dem Bilderstrom überlassen, der kommt. Es spielt keine Rolle, ob es Fantasie oder Erinnerung ist. Am wichtigsten ist, dass Sie in eine spielerische Geistesverfassung kommen und Ihrem »inneren Kind« während der Übung die Führung überlassen.

Bei dieser Art Übung sind Kopfhörer ausgezeichnet. Legen Sie ein Notizbuch, einen Stift sowie Zeichenpapier und Buntstifte bereit, falls Sie nach der Übung Erinnerungen aufschreiben oder Bilder aufzeichnen wollen, die auftauchen. Suchen Sie sich einen ruhigen Platz, an dem Sie ungestört sind, und hören Sie sich Übung 1 der beiliegenden CD an.

Eine Anmerkung zur ersten Erinnerungsübung

Bei der Übung erleben Sie sich vielleicht in einer einfachen, glücklichen Szene: Vielleicht bestellen Sie einen Garten, kümmern sich um Kinder, arbeiten als Händler oder erleben eine Szene aus einer anderen Kindheit in einem früheren Leben. Aber vielleicht treffen Sie auch auf Widerstand oder kommen mit unangenehmen Szenen in Kontakt. Wenn wir das Unbewusste herausfordern, wenn wir versuchen, tief hineinzugehen, »blockieren« wir manchmal – es ist, als würde das Bild erstarren und wir könnten nirgendwohin gelangen –, und das rührt gewöhnlich daher, dass die Geschichte, die zu Bewusstsein kommt, unerfreuliche Assoziationen mit sich bringt. Es kann Traurigkeit hochkommen oder auch Verlust. Ebenso wie im jetzigen Leben geschehen auch in früheren Leben in der Kindheit genauso viele Tragödien wie im Erwachsenendasein – und ein

Trauma hinterlässt einen tieferen Eindruck auf ein kleines Kind als auf einen Erwachsenen. Wundern Sie sich also nicht, wenn starke Emotionen oder leichte Gefühle von Verwirrung bei dieser und den folgenden Übungen aufkommen.

Wenn wir die Tür zur Erinnerung an frühere Leben aufstoßen, wollen am Anfang oft gleich ein halbes Dutzend Leben an die Oberfläche kommen. Meiner Erfahrung nach spielt es keine Rolle, welche Übung oder Technik wir benutzen, um an sie heranzukommen; es werden dieselben Geschichten sein. Wenn Sie zum ersten Mal in Kontakt mit einem früheren Leben kommen, ist es aber auch oft so, dass nur eines und nur dieses eine in den anschließenden Rückführungen auftaucht. Es ist, als könnten Sie nicht zum nächsten Leben übergehen, solange Sie das eben entdeckte nicht völlig erforscht haben.

KAPITEL DREI

Vergangene Leben, gegenwärtige Probleme

Der Gletscher klopft im Schrank,
die Wüste seufzt im Bett,
und der Sprung in der Teetasse eröffnet
eine Straße ins Totenland.

W. H. AUDEN

Wie es zur Auslösung kommt

Im letzten Kapitel und der dazu gehörigen CD-Übung wurden Sie angeleitet, sich an Bilder aus Ihrer Kindheit zu erinnern und dann zu Bildern aus einem früheren Leben frei zu assoziieren. Möglicherweise haben Sie einige lebhafte, aber im Wesentlichen friedliche Szenen aus einem anderen Leben gesehen. Doch es ist auch möglich, dass einige starke Gefühle, wie Trauer oder Angst, hochgekommen sind. Vielleicht sind Sie sogar auf eine verstörende Szene gestoßen, die Sie sich lieber nicht anschauen wollten. Oder vielleicht haben Sie komplett abgeblockt.

All diese Reaktionen sind normal, und man kann unmöglich vorhersagen, wie ein Mensch reagiert, wenn er in die Erinnerungsdatenbänke früherer Leben eintaucht; wir müssen das Experiment wagen. Aber wenn Sie eine starke Reaktion haben – besonders wenn Sie abblocken –, besteht eine große Wahrscheinlichkeit, dass etwas in Ihnen ausgelöst wurde. Sehr oft bildet ein erschreckendes Ereignis in unserem jetzigen Leben, das eine ältere oder tiefere Erinnerung weckt, den Auslöser oder die Pforte zur Erinnerung an ein früheres Leben. Anhand der Beispiele, die wir im ersten Kapitel behandelt haben – Wendys Geschichte vom Überfall auf das Indianerlager, Cheryls Angst, die von der römischen Arena herrührte, und Peters jugendlichem Todeswunsch –, wurde deutlich, dass Ereignisse im Leben dieser Menschen viele Jahre für emotionales Chaos gesorgt hatten. Aber es wurde auch deutlich, dass die auslösende Situation in der Gegenwart, wenn man ihr hohe Aufmerksamkeit schenkte, die Tür zur Vergangenheit öffnen konnte. Was folgt, ist die Geschichte einer jungen Frau, die genau durch eine solche Tür gegangen ist.

Sally: Das tote Kind

»Es war alles meine Schuld.«

Die Frau, die ich Sally nennen will, lebte an der kalifornischen Küste und bildete sich an einer Schule in Big Sur in Massage aus. Sie war in den Dreißigern und führte ein relativ einsames

Leben mit nur wenigen engen Beziehungen. Später gab sie zu, dass sie im jetzigen Leben nie eine Familie gewollt hatte.

Sally war auf dem Rückweg von San Francisco nach Big Sur, als sie an einem schrecklichen Autounfall vorüberfuhr. Ein Auto war von der Straße abgekommen, den Hang hinabgestürzt und hatte sich in den Felsen verkeilt. Mehrere Leute hatten angehalten und schauten entsetzt hinunter. Jemand hatte die Polizei angerufen.

Sally, die einen Abschluss in Pflege und Grundwissen in erster Hilfe besaß, war ein praktischer Mensch. Sie kletterte den Abhang hinunter und versuchte, in das Auto zu gelangen. Drinnen lag eine Frau, die unzweifelhaft tot war. Interessanterweise brachte der Anblick der toten Frau Sally nicht aus der Fassung. Aber als sie sich umschaute, um festzustellen, ob sonst noch jemand im Auto oder neben dem Auto lag, sah sie etwas, was sie traf – eine Nuckelflasche. In diesem Augenblick verlor sie die Beherrschung – sie »flippte aus«, wie sie es nannte – und fing an zu zittern und zu weinen. Sie war so verstört, dass sie nicht mehr nach dem Baby suchte, sondern die Felsen hochkletterte, nur um fortzukommen. Zu dem Polizisten sagte sie: »Da unten liegen eine tote Frau und vermutlich ein Baby. Übernehmen Sie die Sache, ich kann nichts tun.« Dann stieg sie ins Auto und fuhr zitternd nach Hause.

Die Erinnerung verfolgte Sally noch drei Wochen später, als sie zu einem meiner Workshops kam. Ich bat sie, sich auf den Augenblick zu konzentrieren, als sie die Nuckelflasche sah und »ausflippte«. Ich sagte: »Woran müssen Sie bei der Nuckelflasche denken?«

»Ich bin zu spät gekommen«, sagte sie.

Ich forderte sie sanft auf: »Machen Sie weiter!«

»Ich bin zu spät gekommen, um das Kind zu retten.«

»Wiederholen Sie diesen Satz mehrmals, und schauen Sie, wohin er Sie führt.«

»Es ist zu spät, es ist zu spät«, sagte sie. »O Gott, das Kind ist tot.«

»Wo sind Sie?«, fragte ich sie.

Sally sah sich auf einer Anhöhe in Schottland. Sie spürte sofort, dass sie den stämmigen Körper einer schottischen Bäuerin hatte. Sie war dort oben, um die Schafe zu versorgen, als sie aus dem kleinen Dorf, in dem sie lebte, Gewehrsalven hörte. Die Szene spielte im 17. Jahrhundert, als sich die englischen und schottischen Grenzbewohner Gefechte lieferten. Sie lief den Hügel hinab, stürmte in ihre Hütte und fand ihre Schwester und zwei Babys – ihr eigenes und das ihrer Schwester – von Kugeln getroffen und tot. »Ich bin zu spät gekommen«, sagte sie. »Ich hätte für mein Kind da sein müssen. Es ist alles meine Schuld.«

Nur der Gedanke an ein totes Baby hatte Sally durch die Tür in ein anderes Leben geführt. Sobald ich sie bat, sich darauf zu konzentrieren, war sie fast augenblicklich darin. Bei der ersten Auslösung war sie zu verstört, um sich dem Prozess zu stellen und die Bilder zu untersuchen, aber sie waren unmittelbar da, dicht an der Oberfläche. Es bedurfte nur eines Schrittes durch diese Tür, damit sie sich in einem anderen Leben wiederfand. Es war ein schmerzbesetztes Leben, an das sie sich erinnerte, aber es half ihr zu verstehen, warum sie sich im jetzigen Leben entschieden hatte, keine Kinder zu bekommen. Am Ende unserer gemeinsamen Sitzungen konnte sie sich für ihr Versagen in ihrem früheren Leben vergeben, Beziehungen positiver betrachten und sogar die Möglichkeit einer Familiengründung in Erwägung ziehen.

Sallys Geschichte ähnelt in vielerlei Hinsicht Wendys Erinnerung an den Indianerjungen, der seine Familie nicht vor dem

Tod bewahren konnte. Tatsächlich werden sich solche Geschichten in der blutigen Kolonialgeschichte Amerikas mit hoher Wahrscheinlichkeit Tausende von Malen abgespielt haben. Aber bei der schottischen Bäuerin waren für die Kindsmutter andere, wenn auch ebenso verheerende Gefühle im Spiel. Sie warf sich vor, ihr Kind nicht gerettet zu haben, eine Schuld, die nur eine Mutter fühlen kann. Obwohl die Schottin in jenem Leben friedlich im Bett starb, blieb die Erinnerung an diesen furchtbaren Tag bei ihr und ging mit ihr in die feinstoffliche Welt nach dem Tod, um als eine von Sallys seelischen Wunden ins jetzige Leben übertragen zu werden. Auf irgendeiner Ebene, die sich Sally nie voll eingestanden hatte, glaubte sie, keine gute Mutter zu sein. Ganz gleich, wie gut sie tatsächlich mit Kindern umging – und an ihrer Massagetätigkeit wurde deutlich, dass sie eine sehr mütterliche Frau war –, diese nur halb eingestandenen Gedanken unterminierten völlig ihren Selbstwert, bis sie ihr zu Bewusstsein kamen und ihre Macht über sie verloren.

Unsere Komplexe, unser Karma

Wie C. G. Jung einmal sagte, weiß jeder, dass wir Komplexe haben; was wir vergessen, ist, dass die Komplexe uns »haben«. Die überwältigenden Geschichten aus früheren Leben, die hinter den gegenwärtigen Problemen Wendys und der anderen stehen, sind genau das – Komplexe, aber nicht in der Kindheit entstandene Komplexe, wie die Freudianer annehmen, sondern vielmehr Komplexe, die sich um die tiefgreifenderen Erinnerungen herum gebildet haben, die zur Seele gehören. Es ist also keine Übertreibung zu sagen, dass unsere karmischen Wunden aus der fernen Vergangenheit zu den Komplexen der Gegenwart werden.

Jedem jemals untersuchten Komplex aus einem früheren Leben liegen starke, erstarrte oder vergrabene Emotionen oder Gefühle zugrunde (Angst, Scham, Schuld, Stolz, Wut), verdrängte Gedanken oder Glaubenssätze (»Ich kann nie genug tun«; »Ich muss es allein tun«; »Sie werden mich alle auslachen«), oft körperliche Beschwerden (Kopfschmerzen, sexuelle Blockaden, Hautausschläge oder Verdauungsprobleme) und immer Fragmente eines Skripts oder einer Geschichte (Opfer einer Hexenverfolgung, Verrat im Senat, die Auslöschung des eigenen Stammes). Anhand der folgenden Liste wird sichtbar, was für eine große Bandbreite von Komplexen die Rückführungstherapie aufdecken kann und welches die typischen Geschichten dahinter sind.

Komplexe aus früheren Leben: Häufig auftauchende Themen und Geschichten

- *Unsicherheit und Angst vor Verlassenwerden.* Oft zusammenhängend mit Erinnerungen aus früheren Leben von buchstäblichem Verlassenwerden: Waise werden, in die Sklaverei verkauft oder ausgesetzt werden, in Zeiten der Hungersnot sterben, während einer Krise oder eines Krieges von geliebten Menschen getrennt werden und dergleichen mehr.
- *Depression und Energiedefizite.* Verlust eines geliebten Menschen oder eines Elternteils, unerledigte Trauer, Selbstmorderinnerungen, Verzweiflung infolge von Krieg, Massakern, Gefangennahme oder Deportation.
- *Phobien und irrationale Ängste.* Können von allen Arten von

Traumata in einem früheren Leben herrühren: Tod durch Feuer, Ertrinken, Ersticken, Tiere, Messer, Insekten, Naturkatastrophen.

- *Sadomasochistische Verhaltensprobleme*. Gewöhnlich verknüpft mit alten Erinnerungen an Folter, oft mit Bewusstseinsverlust, gewöhnlich mit sexuellen Untertönen. Der Schmerz und die Wut scheinen den Hass und den Wunsch aufrechtzuerhalten, sich auf dieselbe Weise zu rächen.
- *Schuld- und Märtyrerkomplexe*. Stammen gewöhnlich von alten Erinnerungen, einen geliebten Menschen getötet, ein Kind geopfert, den Tod anderer angeordnet zu haben oder sich für ihren Tod verantwortlich zu fühlen (z. B. in einem Feuer). Der tief verwurzelte Gedanke lautet am häufigsten: »Es ist alles meine Schuld. Ich verdiene das.«
- *Materielle Unsicherheit und Essstörungen*. Alte Erinnerungen an Verhungern, wirtschaftlichen Zusammenbruch oder unüberwindliche Armut; kann sich als Magersucht, Bulimie oder Fettsucht äußern.
- *Unfälle, Gewalt, physische Brutalität*. Wiederholung von Erinnerungen an Schlachtfelder aus einem Leben als Krieger; unerfüllte Suche nach Macht, Liebe oder Abenteuer. Dieser

Komplex ist häufig in der Jugend anzutreffen, der Zeit im Leben, in der viele Soldaten historisch gefallen sind.

- *Familienkonflikte.* Offene Rechnungen mit Eltern, Kindern oder Geschwistern: Verrat, Machtmissbrauch, Erbschaftsstreit, Rivalität. Beinhaltet die meisten ödipalen Störungen.
- *Sexuelle Schwierigkeiten und Missbrauch.* Hinter Problemen von Frigidität, Impotenz und genitalen Infektionen stehen oft Geschichten von Vergewaltigung, Missbrauch oder Folter. Sogar Fälle von Inzest und Missbrauch können sich als Wiederholungen von Mustern aus früheren Leben erweisen, bei denen die emotionale Befreiung blockiert wurde.
- *Eheprobleme.* Sie leiten sich manchmal aus früheren Leben mit demselben Partner ab, entweder in einer anderen Macht-, Klassen- oder sexuellen Konstellation – beispielsweise als Herr, Herrin, Sklave, Prostituierte oder Konkubine – oder mit umgekehrten Geschlechterrollen.
- *Chronische Schmerzen.* Die Wiederholung traumatischer Verletzungen oder Todesarten. Kopfschmerzen können mit unerträglichen mentalen Entscheidungen in anderen Leben zu tun haben; Kehlkopfprobleme mit Denunziationen oder unausgesprochenen Gedanken, Geschwüre mit Erinnerungen

an Terror und Nackenschmerzen mit Erinnerungen an Gehängt- oder Stranguliertwerden. Die Therapie befreit oft von chronischen Schmerzen in diesen Bereichen.

(*Quelle*: Roger J. Woolger, *Die vielen Leben der Seele*)

Die Heilungsarbeit der Rückführung ist daher eine vierfache:

1. Die alten, erstarrten Gefühle werden zum Fließen gebracht, und die blockierte Energie wird gelöst.
2. Die negativen Gedanken und Glaubenssätze werden zu Bewusstsein gebracht, um ihre Ursprünge zu erkennen, zu begreifen, dass sie nichts mehr mit unserem jetzigen Leben zu tun haben, und sie loszulassen, damit wir sie durch positivere, lebensbejahendere Gedanken ersetzen können.
3. Schmerzen oder Blockierungen im Körper werden aufgelöst (mehr dazu in Kapitel 6).
4. Die alte Geschichte wird noch einmal nachgestellt und eine Lösung im Denken der Figur aus dem früheren Leben herbeigeführt.

In den meisten Fällen besteht der wirksamste Auslöser darin, die Geschichte so realistisch wie möglich wiederzuerleben.

Therapeuten ist von jeher die Wirksamkeit von Rollenspielen bekannt, wenn es darum geht, unsere Komplexe zu entwirren; in der Rückführungsarbeit erzeugt das Wiedererleben eine Art Psychodrama, das als solches Chancen eröffnet, sich blockierter Emotionen zu entledigen. Der psychodramatische Ansatz gibt uns auch die Möglichkeit, uns von negativen Gedanken zu befreien, indem wir begreifen, dass sie zu einem alten und letztlich überholten Drama gehören. Wir stellen fest, dass wir einen Alptraum gelebt haben, der längst vorüber ist und keine Macht mehr über uns haben muss. Und ein Komplex, der uns nicht länger »hat«, hat seine Ladung verloren; seine Energie kann jetzt kreativer genutzt werden.

Wenige Emotionen sind so explosiv wie Ärger und Wut – aber gleichzeitig kann nichts so verheerend sein, wie diese Gefühle im Innern anzustauen. Seit Anfang des 20. Jahrhunderts wurden in der Körperarbeit von Wilhelm Reich die katastrophalen energetischen Wirkungen beobachtet, wenn unterdrückte Wut tief im Körper festgehalten wird. In jüngerer Zeit haben Therapeuten Workshops zum Wutabbau entwickelt, um vergiftenden Ärger zu entladen. Dennoch fühlen sich nicht alle Therapeuten wohl damit zu helfen, die Wut herauszulassen, und einige ziehen es vor, sie zu vermeiden. Aber bei der Rückführungstherapie hat sich herausgestellt, dass es nicht nur enorm wirksam sein kann, sich an die Quelle einer alten Wut zu erinnern und sie im psychodramatischen Zusammenhang der Geschichte des früheren Lebens auszudrücken, sondern dass es dem Menschen, der die im Innern aufgestaute Gewalt herauslässt, auch große Befriedigung bringen kann. Der Erste, der dieser Art Befreiung einen Namen gab, war Aristoteles, der die starken Wirkungen der Emotion auf die Theaterzuschauer im alten Griechenland beobachtete: Sie weinten und stöhnten angstvoll, während sie sich mit den Leiden des Orest oder Ödipus identifizierten, und erlebten dabei eine Art von emotionaler Läuterung, eine Reinigung – kurz: eine *Katharsis*.

Elmore: Depression und Rückenschmerzen

Der alte Hass eines Sklaven

Ein Schwarzamerikaner namens Elmore nahm an einem Workshop teil, um die Depressionen zu untersuchen, an denen er, seit er erwachsen war, litt. Als Psychiater nahm er seit Jahren verschiedene Medikamente, die die Symptome linderten, aber sie verschwanden niemals ganz. Als er von sich erzählte, berichtete er auch von immer wiederkehrenden Rückenschmerzen, die ihn schon lange plagten.

Bei der Rückführung erlebte er sich als kräftiger Sklave auf einer Zuckerplantage. Er war ein verbitterter und rebellischer Sklave, der bei mehreren Gelegenheiten davonlief. Ständig schmiedete er Fluchtpläne. Aber er wurde jedes Mal gefasst, zurückgebracht und brutal geschlagen, meist auf den Rücken. Nach dem fünften oder sechsten Versuch waren seine Herren so zornig, dass sie ihn zu Tode prügelten, wobei wieder sein Rücken den Großteil der Strafe abbekam.

Elmore erlebte den Tod des Sklaven in einem Psychodrama wieder, bei dem ihm andere Teilnehmer des Workshops assistierten: Seine Arme wurden locker mit einem Handtuch zusammengebunden, um den Kampf in seinem Körper anzudeuten, und er wurde, wenn auch nur ganz sanft, gepeitscht, um die Prügel zu simulieren. Die Wirkung war für Beobachter unübersehbar. Er verkrampfte den Rücken, hielt den Atem an und biss die Zähne zusammen. Naturgemäß hatte der Sklave eine ungeheure Wut in seinem Rücken und seinen Armen. Da er sie nicht ausdrücken konnte, nahm er sie in den Tod mit, wo sie als Verspannung des Rückens, der Brust, der Arme und des Atemsystems erstarrte. Seine im Körper geballten Gedanken im Augenblick des Todes lauteten: »Es ist hoffnungslos. Ich kann nichts tun. Ich werde nie frei sein. Ich hasse sie. Ich könnte sie umbringen.«

Ich forderte Elmore auf, seinen Tod zu durchleben und sich genau daran zu erinnern, was er dabei empfand. Sobald es vorüber war, berichtete Elmore von den Gefühlen der ungeheuren Frustration und Verspannung, die in seinem Rücken zurückgeblieben waren. Aber vor allem blieben bei ihm Verzweiflung und Hoffnungslosigkeit zurück, weil er keine Chance gehabt hatte, sich zu wehren. Es war klar, dass der Sklave mit intensiven Gefühlen gestorben war, die in seinem Rücken und anderen Körperteilen angesiedelt waren, aber sie waren jetzt erstarrt und immer noch voller geballter Wut und Schmerz.

Die Geschichte schien emotional und physisch so ungelöst, dass ich Elmore fragte: »Wenn Sie sich gegen die Sklavenhalter hätten wehren können, was hätten Sie getan?« Er sagte: »Ich hätte sie genauso verprügelt; ich hätte sie abgeschüttelt und verprügelt.« Vor allem wollte er seine Ellbogen benutzen, um sie sich buchstäblich vom Rücken zu schütteln. In einem zweiten kathartischen Psychodrama gab ich ihm einige dicke Kissen und ermutigte ihn, uns zu zeigen, wie die Wut aussehen würde, wenn er sie körperlich darstellte. Ich ließ ihm viel Platz, und er verprügelte die Kissen lautstark und mit offensichtlicher Genugtuung und atmete dabei schwer und emotional. In einer sehr starken Katharsis gelang es ihm, sich von der Wut des ohnmächtigen Sklaven, die er in seinem Körper sein ganzes Leben lang mit sich herumgetragen hatte, zu befreien.

Als Elmore über die Erfahrung reflektierte, sah er deutlich, dass seine Arbeit als Psychiater in einem Krankenhaus aufgrund der dortigen Machtstrukturen bei ihm ein Gefühl von Ohnmacht und konstantem Groll erzeugt hatte. Er erkannte, dass er sich eigentlich sein ganzes Leben lang ohnmächtig gefühlt und sich immer Stellen in institutionellen Hierarchien gesucht hatte, die ihm das Gefühl gaben, klein gehalten zu werden. Trotz seiner starken Persönlichkeit wehrte er sich nicht und bekämpfte nie die Autorität. Nun war ihm klar, dass diese Gefühle von Ohnmacht und Wut aus dem Sklavendasein stammten. Er begriff, dass die Verzweiflung, die er damals gefühlt hatte, ein perfekter Spiegel seiner Depressionen im jetzigen Leben war. Er gab sogar zu, dass er sich auf seiner Arbeitsstelle total eingeengt fühlte und dass seine Unfähigkeit, den Job zu kündigen, ihn deprimierte. Seine Arbeitssituation hatte eindeutig als Dauerauslöser fungiert, und da er seine Gefühle nie zum Ausdruck brachte, hatten sie sich in seinem Innern angestaut und in hohem Maße zu seinem emotionalen und physischen Schmerz beigetragen.

CD-ÜBUNG 2

Persönliche Schwierigkeiten erforschen: Eine Übung, um sich von Emotionen zu befreien

Diese Übung soll Ihnen dabei helfen, ein Problem, das Ihnen in Ihrem heutigen Leben persönliche Schwierigkeiten bereitet, als Brücke zu benutzen, um zu den tieferen unbewussten Schichten vorzudringen, in denen die Erinnerungen an frühere Leben aufbewahrt werden. Sie wird Ihnen helfen, eines der emotionalen Muster, in dem Sie feststecken, zu untersuchen oder eine Einstellung, die Sie auf irgendeine Weise begrenzt. Zunächst werden Sie sich auf Ihr persönliches Erleben und auf Erinnerungen an Situationen konzentrieren, in denen dieses Problem Sie gequält hat. Dann werden Sie wie in der ersten Übung sanft aufgefordert, tiefer in verschiedene Schichten Ihrer Erinnerung einzutauchen. Indem Sie sich wie schon bei der ersten Übung einfach erlauben, frei zu assoziieren, werden Sie feststellen, dass ähnliche Bilder und Gefühle aus einem früheren Leben beginnen werden hochzusteigen. Lassen Sie einfach alles ungehindert aufsteigen, und ignorieren Sie gelassen alle skeptischen oder kritischen Gedanken, die sich vielleicht einmischen. Sie müssen sich nicht an ein ganzes Leben erinnern, sondern sich einfach auf eine besonders starke Szene konzentrieren und die darin geladene Energie loslassen.

Benutzen Sie, wenn Sie mögen, wie bei der ersten Übung Kopfhörer. Legen Sie sich wieder ein Notizbuch und Zeichenstifte zurecht, falls Sie nach der Übung den Wunsch haben, Ihre Bilder und Erinnerungen festzuhalten. Für diese Übung ist es auch angeraten, ein Handtuch zum Zusammenknüllen, Kissen zum Schlagen und Taschentücher für eventuelle Tränen bereitzuhalten. Suchen Sie sich jetzt einen ruhigen Ort, an dem Sie ungestört sind, und hören Sie sich die Übung 2 auf der beiliegenden CD an.

KAPITEL VIER

Die unerledigten Angelegenheiten der Seele

Zen hat keine anderen Geheimnisse,
als ernsthaft über Geburt und Tod nachzudenken.

TAKEDA SHINGEN

Wer stirbt, bevor er stirbt, stirbt nicht, wenn er stirbt.

ABRAHAM VON SANTA CLARA

Mit der Geschichte hinter der Geschichte arbeiten

Der Sinn dessen, sich an frühere Leben zu erinnern, liegt häufig darin, dass lange vergrabene oder blockierte Gefühle an die Oberfläche kommen und herausgelassen werden können. Wie deutlich wurde, können alte Ängste noch einmal wiederholt und als grundlos erlebt werden: Wir stellen fest, dass sie heute nicht mehr gelten, dass es sich bloß um alte, irgendwo in der Psyche abgelagerte Geschichten handelt. Im Allgemeinen sind es Leben, in denen Traumata und heftige Auseinandersetzungen stattgefunden haben oder die vorzeitig zu Ende gegangen sind, von denen phobische oder traumatische Muster mit größter Wahrscheinlichkeit weitergegeben werden. Eine der Bedeutungen des Wortes *Karma* ist »Arbeit«; in unsere heutige Sprache übersetze ich es oft einfach als »die unerledigten Angelegenheiten der Seele«. Die Dinge, die wir unterlassen, die Rückschläge, die wir in einem Leben erlebt haben, scheinen als die laufenden Aufgaben der Seele weitergegeben zu werden – Arbeit, die von dem neu inkarnierten Bewusstsein wieder aufgenommen werden muss, wenn es unter neuen Umständen und mit neuen Chancen auf diese Welt zurückkehrt.

Das Wiederholen von Drehbüchern aus früheren Leben

Wir haben gesehen, dass alte Geschichten, die wir relativ unbewusst mit uns herumtragen, zur Triebfeder hinter den endlosen Drehbüchern, Skripten und zwanghaften Mustern werden können, die unser jetziges Leben beherrschen. Wir ziehen Missgeschick, schlechte Beziehungen oder konstantes Unglück an. Jeder kennt beispielsweise Menschen, die von einer misslungenen Beziehung in die nächste stolpern und immer wieder dasselbe Drehbuch des gegenseitigen Verrats durchspielen; jeder kennt auch Menschen mit einer chronischen Unfallneigung.

Mich suchte einmal eine Klientin auf, die eine andauernde Reihe von Unfällen, Knochenbrüchen und vermeintlichen Pechsträhnen hinter sich hatte. Ihre Freunde wollten nicht mehr zu ihr ins Auto steigen, weil sie in dermaßen viele Autounfälle verwickelt gewesen war. Als sie ihr Problem in einer Rückführung untersuchte, sah sie sich in einem früheren Leben als Polynesierin, die im Begriff stand, von einer riesigen Flutwelle überrollt zu werden. Als die Welle ihr ganzes Dorf unter sich begrub, hatte sie im Augenblick des Todes den beängstigenden Gedanken, der in ihr erstarrte: »Ich werde nie weglaufen können. Es wird mich immer treffen.« Und tatsächlich wurde sie in ihrem jetzigen Leben ständig getroffen: von Autos, Pferden und großen Gegenständen. Erst als sie die tiefe Angst der Polynesierin losließ, hörten die Unfälle auf.

Solche verheerenden karmischen Drehbücher lassen sich immer auf irgendeine persönliche Tragödie, ein Trauma oder eine Katastrophe in einem früheren Leben zurückführen: den Verlust derjenigen, die wir lieben, die Zerstörung unseres Besitzes bei einem Aufstand oder Krieg, Deportation oder Gefangennahme, das Aufwachsen als Waisenkind oder auf der Straße Hungers zu sterben. Invasion, Vergewaltigung, Versklavung – sie kratzen nur an der Oberfläche der »tausend Stöße, die unseres Fleisches Erbteil sind«, wie es in Shakespeares *Hamlet* heißt. Traumata wie diese stören zutiefst das Gleichgewicht der Seele und lassen Teile von ihr emotional erstarren. Sie schaffen Leidensmuster, die im Sanskrit *Samskaras* genannt werden – tiefe und bittere Wunden der Seele, die von einem Leben zum nächsten weitergegeben werden. Die wenigsten können dem Erbe der seelischen Wunden entgehen, die durch emotionalen und materiellen Verlust, Gewalt, schlechte Behandlung, Verlassenwerden, Verrat oder ein Dasein als Sündenbock im einen oder anderen Leben verursacht wurden. Diese Wunden, die in dem Leben, in dem sie entstehen, selten geheilt werden, kehren unglücklicherweise wieder als »Werkzeuge, uns zu geißeln«, wie Shakespeare in *König Lear* schrieb, seinem pessimistischsten Stück (und einem, in dem das Karma eine Schlüsselrolle spielt). Er schrieb auch, wie die Samskaras bei der Geburt mit uns wiederkehren:

Wir kamen weinend an.
Du weißt, wenn wir die erste Luft einatmen,
schrein wir und winseln.

Es ist also nicht verwunderlich, dass unsere ersten Beispiele – der Angriff auf das Indianerlager, die Rückblende von der römischen Arena und dem Schlachtfeld – alle mit plötzlichem und gewaltsamem Tod zu tun hatten. Die menschliche Geschichte ist voll von Invasionen, Massakern und Grausamkeiten, die mit Zeiten des Krieges und Aufruhrs in Verbindung stehen, und sehr oft handeln Geschichten aus früheren Leben von einem frühzeitigen Tod. Keine dieser Geschichten ist angenehm, und nur wenige sind heroisch, aber die gewalttätigen müssen entfernt werden, so wie ein Zahnarzt einen verfaulten Zahn zieht. In diesem Kapitel werden wir uns genauer mit Narben aus früheren Leben beschäftigen, die ein verfrühter Tod durch Krieg, Gewalttaten und Katastrophen hinterlassen hat, und wir werden sehen, dass wir ihnen durch sorgfältige Aufmerksamkeit die Macht über uns im gegenwärtigen Leben entziehen können.

Wo die Seele nach dem Tode hingeht

Dank der wertvollen Arbeit, die in den vielen Traditionen und Bewegungen geleistet wurde, verstehen wir heutzutage tiefer denn je, was Tod, Übergang und Wiedergeburt sind. In Krankenhäusern hat uns die Arbeit der Hospizbewegung geholfen, mit der Gewohnheit der Verdrängung zu brechen und zu lernen, dem Tod das zu geben, was ihm gebührt. Die Schriften von Pionieren wie Raymond Moody, Kenneth Ring und Elisabeth Kübler-Ross haben uns einen beachtlichen Einblick in das verschafft, was uns auf der anderen Seite erwartet. In den beeindruckenden Zeugnissen von Nahtoderlebnissen berichten Menschen, die klinisch tot waren, aber zurückgekehrt sind, wie sie durch einen Tunnel in eine Welt des Lichts gelangten, in der sie eine ergreifende Rückschau auf ihr Erdenleben gehalten haben, dem Geist von Vorfahren und anderen Lichtwesen begegnet sind oder auf beeindruckende Reisen durch das All begleitet wurden. Schließlich kehren sie gewöhnlich unter großen Schmerzen in ihren Körper zurück, aber ihre Ansichten, ihr Bewusstsein und ihre Einstellungen dem Leben und dem Tod gegenüber haben sich ein für alle Mal verwandelt. Die Berichte von Rückführungen – darunter auch meine eigenen Fälle – weisen überraschend ähnliche Erfahrungen auf, bei denen sich Menschen jenseits des Todes begeben, das eigene Leben noch einmal Revue passieren lassen, Geistwesen und Geistführern begegnen und in andere Dimensionen reisen.

Nachdem ich zahllose Rückführungen anleiten oder beobachten konnte, habe ich festgestellt, dass es, grob gesagt, drei

Zustände gibt, in denen sich der scheidende Geist oder die scheidende Seele beim Verlassen des Körpers befinden kann:

- *Erdgebundenheit*: Der scheidende Geist bleibt der Erde verhaftet, er bleibt entweder am selben Ort oder wandert weiter, ohne zu merken, dass sein irdisches Leben vorüber ist.
- *Unvollkommenheit oder Verwirrung*: Der Geist begibt sich in eine höhere Nachtodeswelt, befindet sich aber in einem Zustand der Verwirrung und ist immer noch mit dem gerade zu Ende gegangenen Leben beschäftigt. Wird diese Verwirrung nicht aufgelöst (wie es oft der Fall ist), stellt sie sich in der nachfolgenden Wiedergeburt erneut ein.
- *Vollendung oder Erleuchtung*: Der Geist ist vollkommen befreit von der Schlacke irdischer Erinnerungen und geht friedlich in eine noch höhere Ebene ein, eine Welt des reinen Lichts.

Der Hauptteil meiner Arbeit als Therapeut bei Rückführungen betrifft naturgemäß die beiden ersten Kategorien, einfach weil die traumatischen und tragischen Geschichten mit ihren Ängsten, ihrem Scheitern und ihrem »Feststecken« uns am deutlichsten exakt zeigen, wo karmische Muster entstanden sind, wie tief sie gehen und wie sie uns heute immer noch beunruhigen. Die Übungen auf der CD für Ihre eigene Rückführungsarbeit, bei der Sie Ihre Übergänge zwischen den Leben und die Komplexe untersuchen, die Sie in die Gegenwart mitgebracht haben, beziehen sich auf die zweite Kategorie.

Um unser Verständnis vom Übergang der Seele noch mehr zu vertiefen, können wir auf die Weisheit des tibetischen Buddhismus und seiner westlichen Lehrer zurückgreifen. Vor 40 Jahren war nur Gelehrten, die sich mit dem Buddhismus beschäftigten, (und C. G. Jung!) das *Bardo Thödol* oder das *Tibetische Totenbuch* bekannt mit seinen genauen Anweisungen für den Augenblick, in dem die Seele im Augenblick des Todes den Körper verlässt. Heute haben wir Sogyal Rinpoches *Tibetisches Buch vom Leben und vom Sterben*, eine großartige Erläuterung zu dem alten Text, in der er dessen archaische Symbole in moderner psychospiritueller Sprache erklärt, um die Bewusstseinsstadien zu entmystifizieren, die die Psyche nach dem Tod durchläuft.

Nach tibetischer Sicht ist das Nachtodesreich – der *Bardo* (wörtlich: der Zwischenzustand), ein Reich zwischen den Leben – ein realer Ort. In der tibetischen Tradition wird gelehrt, dass der Geist, wenn er den Körper verlässt, eine Zeit lang in diesem Zwischenreich verweilt und durch eine Reihe von Erfahrungen hindurchgeht, die ihm einerseits teilweise helfen sollen, das gerade beendete Leben loszulassen, und ihn andererseits darauf vorbereiten, idealerweise »vollkommen« oder »erleuchtet« zu werden und die irdische Ebene vollständig zu verlassen. Der Geist wird dabei mit Wesen, Gebilden oder Energien konfrontiert, die die unerledigten psychologischen Probleme des gerade Verstorbenen spiegeln. Wenn es dem sterbenden Bewusstsein nicht gelingt, diese problematischen Kräfte, denen es begegnet, zu integrieren, wird es wiedergeboren und auf die Erde zurückgeschickt. Außergewöhnlich an den tibetischen Lehren ist die Weise, in der das Bewusstsein nach dem Tode als volles menschliches Bewusstsein behandelt wird, im Grunde als dasselbe, das es war, als es verkörpert auf Erden weilte. Sogyal Rinpoche fasst das in der bemerkenswerten Aussage zusammen: »Der tibetische Buddhismus schenkt uns die immer noch revolutionäre Einsicht, dass sowohl Geburt als auch Tod im Geist sind und nirgendwo sonst.« Ob wir uns in einem Körper oder außerhalb des Körpers aufhalten, der Geist dauert fort.

Geburt und Tod sind demnach Teil eines universellen, kontinuierlichen Kreislaufs. Die außerordentliche Arbeit des Psychologen Stanislav Grof und anderer, die Rückführungen in die Gebärmutter durchgeführt haben, offenbart, dass im Fötus dunkle und schmerzliche Erinnerungen stimuliert werden, sobald der Augenblick der Geburt naht und sich der Uterus stärker zusammenzieht, zum Beispiel: Erinnerungen an Zerstückelung, Kreuzigung, Verbranntwerden, Niedergetrampeltwerden und alle möglichen schrecklichen Todesarten. Der Geburtskanal selbst ist ein Spiegelbild des Tunnels, durch den die Seele reist, wenn sie den Körper verlässt. Die Rückkehr in den Körper ist der umgekehrte Tunnel, und zwar ein schmerzhafter.

In meinem Buch D*ie vielen Leben der Seele* vertrete ich die Ansicht, dass Tod, Geburt und die Zwischenwelt eine Art Schleife bilden, die wir durchlaufen. Die Art und Weise, wie wir in dieses Leben kommen, spiegelt oft die Weise, wie wir in einem früheren Leben gestorben sind. Um das einfachste Beispiel zu nehmen: Jemand, der mit der Nabelschnur um den Hals geboren wurde, kann sich vielleicht bei einer spontanen Rückführung daran erinnern, dass er im letzten Leben gehängt wurde.

Unsere Gedanken im Augenblick des Todes

Die häufigste Rückführungserfahrung vom Sterben in einem früheren Leben – ganz gleich, ob es ein friedlicher oder gewalttätiger Tod war – besteht darin, dass die Betroffenen erleben, wie sie den Körper verlassen und einfach nach oben schweben. Manchmal schwebt der Geist des Verstorbenen über dem Körper und macht sich mit der Tatsache vertraut, dass alles vorbei ist. Es kann sein, dass er so lange auf den Körper herabschaut, bis er beerdigt oder verbrannt ist. Aber anders als ein »erdgebundener« Geist ist diesem abgeschiedenen Geist völlig bewusst, dass er gestorben ist, und dieses Bewusstsein macht die Seele dafür frei, in die höheren Dimensionen des Bardo zu reisen. Der Übergang kann sehr schön sein: Man sieht die Erde von oben, sieht noch einmal das eigene Leben Revue passieren und bekommt vielleicht gezeigt, wie es mit den geliebten Menschen, die man auf der Erde zurückgelassen hat, weitergeht. Schließlich stellt sich das Gefühl ein, in einer anderen Dimension, einem anderen Reich, angekommen zu sein.

Wenn die Todesumstände jedoch schwierig waren oder der Mensch vor dem Tod irgendwie emotional aufgewühlt war –

voller Groll, Rache- oder Schuldgefühle, einsam oder ängstlich –, gehen diese intensiven Emotionen und entsprechenden Gedanken mit dem scheidenden Geist mit und verdunkeln die potenziell erhebenden und aufbauenden Aspekte des Übergangs. Vor einigen Jahren hat eine Bemerkung, die W. Evans-Wentz in seiner berühmten frühen Übersetzung des *Tibetischen Totenbuchs* machte, einen großen Eindruck auf mich hinterlassen: »Sowohl Buddhisten als auch Hindus glauben, dass der letzte Gedanke im Augenblick des Todes die Art der nächsten Inkarnation bestimmt.« Von da an begann ich bei der Rückführungsarbeit sehr sorgfältig darauf zu achten, was Menschen bei ihrem Tod in einem früheren Leben durchlebten. Ich stellte fest, dass die Erfahrung des Todes und die Weise, wie Menschen sich ans Leben klammerten – indem sie ärgerlich, verbittert oder mit Gedanken der Verzweiflung starben –, sehr viel über ihre Lebenseinstellungen im jetzigen Leben aussagten.

Typische Gedanken und Gefühle, die im Augenblick des Todes auftreten, sind inzwischen mithilfe Tausender von Rückführungen aufgezeichnet worden. »Sie wollten mich nicht«; »Ich waren ihnen nicht wichtig«, denken Kinder, die man zum Sterben ausgesetzt hat oder die bei irgendeiner Art von Angriff umkamen. »Ich muss alles allein machen«; »Niemand hilft mir«, äußern Menschen, die beim Todeskampf und Sterben allein gelassen werden. Menschen, die bei einer Hungersnot gestorben sind, sagen: »Es war nicht genug da, es war nie genug da.« Menschen, die getötet wurden, weil sie ihre Meinung geäußert oder irgendeine Grenze überschritten haben, sagen: »Ich hätte den Mund halten sollen«; »Ich hätte es für mich behalten sollen.« Andere fühlen sich schuldig: »Ich hätte mehr tun können«; »Es ist alles meine Schuld«, »Ich habe nicht genug getan.« Die Gedanken können auch von Rachegefühlen gelenkt sein: »Ich werde es ihnen heimzahlen«; »Ich werde sie genauso verletzen, wie sie mich verletzt haben.« Wir können negativ über uns selbst denken: »Ich bin zu nichts gut«; »Ich war nutzlos«, »Ich habe ihnen nicht geholfen«; »Ich habe sie im Stich gelassen« – oder von irgendeinem körperlichen Scheitern geprägt sein: »Ich werde nie mehr laufen können«; »Ich sitze in der Falle«; »Ich komme da nie raus.« Jemand, der zu erniedrigendem sexuellen Verhalten gezwungen wurde, denkt vielleicht: »Ich bin abstoßend.« Jemand, der verraten wurde, kann äußern: »Ich werde nie mehr jemandem trauen«; »Es ist gefährlich zu zeigen, was ich wirklich fühle«; »Menschen lassen einen im Stich«; »Es sind alles Lügen.« Wenn Menschen bei ihrem Tod verzweifelten oder zu hoffnungslosen Situationen wie Kerkerhaft oder Sklaverei verurteilt waren, werden Gedanken laut, in denen die Saat der Depression und Negativität für die zukünftige Inkarnation gesät ist: »Wozu soll ich mich überhaupt anstrengen?«; »Was nützt es?«; »Die anderen gewinnen immer«; »Es wird sich nie ändern.«

Madeline: Chronischer Schmerz

Eine Erinnerung an vergangene Brutalität

Ein besonders verheerender Gedanke im Augenblick des Todes – einer, den man bei Todesszenarien in früheren Leben gar nicht so selten antrifft – hat mit Schuld und Selbsthass zu tun. Eine Frau, die ich Madeline nennen will, hatte ihr ganzes Leben lang an heftigen Schmerzen im Nacken- und Schulterbereich gelitten. Sie hatte alle möglichen Körpertherapien ausprobiert, aber die Schmerzen wollten nicht verschwinden. Sie war Sozialarbeiterin und kümmerte sich um Kinder mit Lerndefiziten. Als außerordentlich freundliche Frau war sie sehr um ihre Schüler besorgt. In einem früheren Leben, das sie bei der Rückführung aufdeckte, war sie jedoch ein Sklavenhalter, der so viele Sklaven misshandelt hatte, dass sich eines Tages eine Gruppe von ihnen entschloss, sich zu rächen. Sie lauerten ihrem Herrn hinter einem Gebäude versteckt auf, und als er erschien, packten sie ihn und prügelten ihn zu Tode. Der letzte tödliche Schlag traf ihn im Nacken.

Als der Sklavenhalter starb, erkannte er sehr deutlich, was geschehen war und wie viel Wut er auf sich gezogen hatte. Sein letzter Gedanke beim Tod war: »Ich habe sie brutal behandelt. Es geschieht mir recht.« Als er seinen Körper verließ und auf ihn herabschaute, während die wütenden Sklaven immer noch auf ihn einschlugen, nahm er die folgenden Gedanken mit: »Ich hätte Menschen nicht so behandeln sollen. Ich verdiene Strafe.« Es ist nicht verwunderlich, dass der Nacken und die Schultern die Stellen waren, an denen der Sklavenhalter »die Strafe entgegennahm« und sich die Relikte des alten Schmerzes in Madelines Körper wieder manifestierten. Sofort erkannte Madeline, warum sie ihr ganzes Leben lang solche Nackenschmerzen gehabt hatte – es war die physische Manifestation der Schuld des Sklavenhalters. Sie klagte sich immer noch an, indem sie die alte Gewalt gegen ihren Körper weiter wiederholte. Und sie arbeitete in ihrem jetzigen Leben weiter daran, die Bosheit des Sklavenhalters wieder gutzumachen, indem sie mit Kindern arbeitete, die Hilfe brauchten. Als sie dies alles sehen konnte und imstande war, dem alten Sklavenhalter in ihr zu helfen, mit den Sklaven zu reden und sie um Vergebung zu bitten, spürte sie, dass eine große Last der Schuld und des Schmerzes von ihr genommen wurde.

Sarah: Ein verlorener Bruder und die Nazis

»Ich werde kommen und dich finden.«

Gedanken beim Tod in einem früheren Leben können in der Gegenwart auch weitaus erfreulichere Konsequenzen haben als Madelines anhaltende Nackenschmerzen. Eine andere Art von unerledigter Angelegenheit kam ans Licht, als meine Klientin Sarah ein früheres Leben aufdeckte, in dem sie ein junges jüdisches Mädchen im Zweiten Weltkrieg war. Sie durchlebte noch einmal die Gräuel, die ihr kleines polnisches Dorf ertrug, als es den Nazis in die Hände fiel. In dem Chaos versuchten sie und ihre Mutter, sich zu verstecken, während ihr Vater und ein älterer Bruder, an dem sie sehr hing, mit anderen Männern in die Wälder flüchteten, um eine Widerstandsgruppe gegen die Nazi-Besetzung zu organisieren. Das junge Mädchen und ihre anderen Angehörigen konnten jedoch nicht mehr entkommen. Sie wurden aus dem Versteck gezogen, viele von ihnen vergewaltigt, einige erschossen. Die meisten Frauen, Kinder und Alten wurden schließlich in Viehwaggons zusammengetrieben und in Konzentrationslager gebracht.

Die Abschiedsworte ihres älteren Bruders, als er in die Wälder floh, klangen ihr noch im Ohr: »Ich werde kommen und dich finden.« Das war das Letzte, was sie von ihm hörte. Schließlich starb sie im Lager und dachte, als sie in die Gaskammer ging: »Ich möchte bei meinem Bruder sein. Würde er doch bloß zurückkommen!«

In ihrem jetzigen Leben fühlte sich Sarah sehr stark zu einem Kollegen hingezogen, der verheiratet war und Kinder hatte (ebenso wie sie). Sie begann, mit diesem Kollegen zusammenzuarbeiten; sie machten sogar gemeinsam eine Firma auf. Sie standen sich unglaublich nahe. Bei der Rückführung erkannte sie schließlich, dass dieser Kollege niemand anderes als ihr Bruder aus dem letzten Leben war, den sie gesucht hatte. Sie hatten sich tatsächlich gefunden; so groß war die Macht der Abschieds- und Todesgedanken.

Richtiges Leben, richtiges Sterben

Den Kern der unerledigten Gedanken beim Tod bilden die primären menschlichen Leidenschaften. Junge Rekruten sind vielleicht immer noch verbittert, weil sie allzu jung auf dem Schlachtfeld gestorben sind. Sie sind wütend auf die Menschen, die sie zu einem sinnlosen Tod verurteilt haben. Andere erleben tiefe Trauer, weil sie geliebte Menschen zurücklassen, oder Bedauern, weil sie nicht mehr getan haben. Zwanghafte Rachegedanken können die Seele in eine andere Inkarnation zurücktreiben, um zu beenden, was begonnen wurde. Auch wenn die meisten Berichte von Nahtoderlebnissen nahe legen, dass man das gerade beendete Leben noch einmal Revue passieren lässt, gilt das nicht immer für Todesszenarios früherer Leben, denn wenn die Rachegefühle zu stark sind, können sie die Seele sofort in die Wiedergeburt katapultieren, sodass keine Chance zur Reflexion bleibt. Genauso zwanghaft in ihrer Art sind Gedanken beim Tod wie der Sarahs oder der einer Mutter, die ihren Sohn bei einem Massaker verloren hat und dann mit dem Gedanken stirbt: »Ich muss ihn finden, ich muss bei ihm sein.« Ein solch entschlossener Gedanke »Ich muss ihn finden« bedeutet unausweichlich, dass ihre Seele der Seele ihres Sohnes sehr rasch in ein anderes Leben folgt, oft ohne dass Zeit bleibt, im Reich zwischen den Leben ihr eigenes Leben noch einmal vor sich Revue passieren zu lassen.

Im nächsten Kapitel werden wir uns ausführlicher mit den vielfältigen Szenarien und Begegnungen beschäftigen, die zwischen den Leben stattfinden, aber im Augenblick möchte ich eine ganz einfache Tatsache unterstreichen, die zwanghaft von früheren Leben Besessene häufig vergessen: Das frühere Leben ist vorbei! Wie ich oft in Workshops zu Teilnehmern sage, die sich zu stark in die Gedanken und Leidenschaften ihrer früheren Leben verstricken: Der beste Grund dafür, sich an frühere Leben zu erinnern, ist der, sie zu vergessen. Oder um es noch einfacher mit den Worten von Dschelaleddin Rumi auszudrücken: Ein Sufi weiß, dass die Vergangenheit voll und ganz vorbei ist!

Trotz der Schmerzen, Nöte und karmischen Spuren von so vielen schwierigen Leben enthält unsere Erinnerungsdatenbank auch angenehme Geschichten von friedlichen Leben, in denen wir schmerzlos im Bett gestorben sind, umringt von liebevollen Begleitern – »ein Höhepunkt, der sehnlich zu wünschen ist« (Hamlet). Menschen mit solchen Erfahrungen aus früheren Leben berichten, dass sie in der Abendröte eines gut gelebten Lebens sanft in höhere Regionen geschwebt sind und von liebevollen Lichtwesen, oft ihren Vorfahren, begrüßt wurden. Der tibetischen Tradition zufolge besteht die beste Weise zu sterben, darin, unsere flüchtige Welt bewusst und friedlich zu verlassen, möglichst ohne Gedanken, Gefühle oder körperliche Schmerzen irgendwelcher Art mitzunehmen. Dieser Lehre zufolge werden wir nur, wenn wir uns vollständig leer machen, das reine Strahlen unseres grenzenlosen Geistes erleben.

Bei der nächsten CD-Übung können Ihnen beide Arten von Leben begegnen: ein mühseliges oder ein friedliches. Beide enthalten Lektionen; beide enthalten Heilungschancen. In den folgenden weisen Versen fasste William Blake die große Versöhnung zusammen, die wir mit den Tiefen und Höhen unseres Erdenlebens erreichen können:

Uns bestimmt sind Freud und Leid:
Wenn wir dies nur recht verstehn,
sicher durch die Welt wir gehn.
Fein gewebt sind Freud und Leid
für die göttlich Seel' ein Kleid.

CD-ÜBUNG 3
Ein früheres Leben erforschen und sich jenseits des Todes begeben

Diese Übung wird Sie unmittelbar in ein früheres Leben führen und Ihnen die Gelegenheit geben, ein gesamtes Leben in seinen Grundzügen, wenn auch nicht in allen Details zu sehen. Sie werden auch angeleitet, das Ende dieses Lebens zu erleben und durch die Erfahrung des Todes hindurch und über ihn hinaus zu gehen. Sie brauchen sich in der Übung vor nichts zu fürchten. Wie lebhaft der Tod, den Sie sehen, hören und fühlen, auch sein mag, es sind nur Bilder in Ihrer Erinnerung. Ihr Körper und Ihre Umgebung werden Sie die ganze Zeit daran erinnern, wo Sie sich hier und heute befinden. Machen Sie sich jedoch auf einige starke Gefühle gefasst, so als wenn Sie einen sehr fesselnden Film sehen würden: vielleicht Angst, vielleicht tiefe Traurigkeit, vielleicht physische Reaktionen. Sie sind alle Teil der alten Geschichte. Ihr Ich ist während der Übung als Zeuge präsent. Wenn die Bilder und Reaktionen, die auftauchen, zu stark sind, können Sie sich jederzeit sagen: »Es ist nur eine Erinnerung«, so wie Sie bei einem fesselnden Film sagen können: »Das sind nur Schauspieler bei den Dreharbeiten!«

Im nächsten Kapitel und bei der dann folgenden Übung Nr. 4 werden Sie an jeglicher »unerledigten Angelegenheit« aus einem bestimmten früheren Leben, das Ihnen hier begegnet, weiterarbeiten können.

Rüsten Sie sich wie bei der letzten Übung, wenn Sie möchten, mit Kopfhörern, einem Notizbuch und Zeichenmaterial aus. Suchen Sie sich einen ruhigen Ort, an dem Sie ungestört sind, und hören Sie sich die Übung 3 auf der beiliegenden CD an.

KAPITEL FÜNF

Zwischen den Leben: Heilung im Bardo

Durchlebte er sein Leben noch einmal in allen Einzelheiten der Begierde, Versuchung und Hingabe während jenes höchsten Augenblickes erfüllten Wissens? Flüsternd schrie er einem Bild, einer Vision zu – zweimal schrie er, ein Schrei, der nicht mehr war als ein Hauch: »Das Grauen! Das Grauen!«

JOSEPH CONRAD, *Das Herz der Finsternis*

Und dort, jenseits des Grabes, werden wir sagen, dass wir gelitten haben, dass wir geweint haben, dass uns bitter zumute war, und Gott wird sich erbarmen über uns, und wir … werden ein lichtes, schönes, herrliches Leben erblicken. Wir werden frohlocken und auf unser jetziges Unglück mit Rührung zurückblicken, mit einem Lächeln, und werden ausruhen.

ANTON TSCHECHOW, *Onkel Wanja*

Ein früheres Leben Revue passieren lassen: drei grundlegende Fragen

Im letzten Kapitel habe ich verschiedene Beispiele dafür angeführt, dass es bei einer Rückführung möglich ist, nach dem Tod in die geistige Welt oder den Zustand des Bardo hinüberzugehen. Inzwischen konnten Sie vermutlich die wesentlichen Ereignisse eines ganzen früheren Lebens sehen und sich auch an den Übergang im Augenblick des Todes erinnern, der danach folgte. Sie haben vermutlich einen ersten Einblick in den außerordentlichen Bewusstseinzustand erhascht, den die Seele erlebt, wenn sie die andere Seite erreicht. Möglicherweise haben Sie gesehen, dass Sie friedlich, gewaltsam oder zu früh gestorben sind, aber in jedem Fall hatten Sie das Empfinden, den toten Körper zu verlassen und sich an einen anderen Ort, in einen anderen Bewusstseinszustand, zu begeben.

Falls Sie es (spontan oder absichtlich) noch nicht getan haben, ist es sehr nützlich, das vergangene Leben Revue passieren zu lassen, besonders die Umstände Ihres Todes und den Geisteszustand, in dem Sie gestorben sind. Wie ich in Kapitel 4 betont habe, schafft der Geisteszustand des Sterbenden die stärksten karmischen Muster, die auf spätere Leben übertragen werden. Indem Sie sich Zeit nehmen, die Themen und Probleme, mit denen Sie in jenem Leben gestorben sind, bewusst und sorgfältig anzuschauen, können Sie nicht nur verstehen, worin die unerledigten Angelegenheiten oder das Karma der Seele aus dem früheren Leben besteht, sondern Sie können auch Schritte unternehmen, es zu bereinigen.

Die wirksamste Methode, Ihre karmischen Muster aus einer früheren Inkarnation aufzulösen, besteht darin, sich drei grundlegende Fragen zu stellen oder von einem Rückführungstherapeuten stellen zu lassen:

1. Was denke ich im Augenblick des Todes?
2. Was fühle ich im Augenblick des Todes?
3. Habe ich starke körperliche Empfindungen oder Schmerzen im Augenblick des Todes?

Diese einfachen, aber gezielten Fragen werden Ihnen helfen, sich auf die wesentlichen Prägungen zu konzentrieren, die Sie aus jenem Leben mitgebracht haben. Sie beziehen sich auf drei Ebenen der menschlichen Erfahrung, der drei verschiedene Schwingungsebenen des feinstofflichen Körpers entsprechen: die mentale, emotionale und physische. (In Kapitel 6 werden wir die tief eingeprägten Erinnerungen im feinstofflichen Körper detaillierter untersuchen.)

Diese Fragen bilden auch den ersten Schritt, um den Zustand der Verwirrung zu beseitigen, in dem sich die scheidende Seele häufig unmittelbar nach dem Tod befindet. Sogyal Rinpoche erklärt diesen Zustand mit der beschleunigten Aktivität des Mentalkörpers, der die Ereignisse unmittelbar vor dem Tod wie besessen wieder abspult – aber er tut dies nach dem Tod auf der anderen Seite, im Bardo, und begreift nicht, dass das Leben in Wirklichkeit vorbei ist. Solche Verwirrungszustände beim Tod lassen sich durch bestimmte Bestattungsriten auflösen, bei denen die Seele aufgefordert wird, loszulassen und weiterzugehen. Wenn jedoch die Verwirrung im letzten Leben nicht beseitigt wurde, klammert sich dieser Anteil der Seele immer noch an seine Erinnerungen von diesem Leben mit all dessen unerledigten Angelegenheiten. Dieser Aspekt oder Anteil der Seele steckt dann weiter im Zustand der Wut, Beängstigung oder Verwirrung; er ist, um mit Freud zu sprechen, auf diesen Zustand mentaler und emotionaler Obsession fixiert. Die Muster, die zu diesem nichtintegrierten Anteil gehören, werden in andere Leben wieder eingeprägt und ständig wiederholt, lange nachdem ihr ursprünglicher Kontext vergessen ist.

Letzte Gedanken und Gefühle im Bardo-Zustand

> Der Geist ist eine eigene Stätte, und ganz allein
> kann er einen Himmel aus der Hölle machen
> und eine Hölle aus dem Himmel.
>
> JOHN MILTON, *Das verlorene Paradies*

Wenn ein Mensch gewaltsam zu Tode kommt oder zu früh stirbt, wird er im Augenblick des Todes unausweichlich viele widerstreitende und unaufgelöste Gedanken und Gefühle haben. Nur ein Gandhi oder ein Christus können dem Tod mit vollkommenem Mitgefühl und Gleichmut begegnen. Ganz gleich, ob der Tod mit einem physischen Trauma einhergeht oder nicht, gewöhnlich sind mächtige Emotionen am Werke: tiefe Trauer über den Verlust von Kindern oder geliebten Menschen, Wut über die Ungerechtigkeit von Verrat oder Exil und oft furchtbare Racheschwüre. Oder wir sterben beschämt und gedemütigt infolge einer Strafe oder Verbannung. In einem Leben als gescheiterter politischer Führer können wir uns so quälend verantwortlich für das Leiden und den Tod anderer fühlen, dass wir von Schuld verzehrt sterben.

Unser Geist reagiert mit großer Leidenschaft und Qual: Wir können die Augenblicke des Grauens, der Todesangst oder Verzweiflung nicht loslassen, und wir halten an den Erinnerungen an diese schmerzlichen Szenen fest, wodurch wir unaufhaltsam neues Karma schaffen und uns noch enger an das Rad der Wiedergeburt binden.

Wenn solche Gedanken und Gefühle im Augenblick des Todes sehr intensiv vorhanden sind, werden sie uns mit unverminderter Intensität in die Nachtodeswelt des ersten Bardo begleiten. Diese traurige, aber fundamentale Tatsache des Übergangs ist der hinduistischen und buddhistischen Weisheit von jeher bekannt. Emanuel Swedenborg, der große schwedische Visionär, den D.T. Suzuki den »Buddha des Westens« nannte, entdeckte sie im 18. Jahrhundert wieder und schrieb in seinem Buch *Himmel und Hölle*:

> *Nach dem Tod ist ein Mensch mit jedem Sinn, jeder Erinnerung, jedem Gedanken und Affekt beschäftigt, mit denen er in der Welt beschäftigt war; er lässt nichts zurück als den Erdenleib.*

Es ist also nicht überraschend, dass ein Großteil der Verwirrung, in der sich die Seelen im Bardo befinden, vor allem durch ihre Gefühlszustände und negativen Gedanken erzeugt wird, die so übermächtig sein können, dass sie die im Übergang befindliche Seele für ihr neues Dasein blind machen. Viele bleiben in der endlosen Wiederholung der Wut über ihre Verfolger stecken; andere scheinen sich in einer Wolke der Verzweiflung und Depression zu verlieren; wieder andere sind offenbar entschlossen, sich zu verstecken, gequält von überwältigenden Schuldgedanken wie: »Ich hätte den Schmerz der anderen verhindern können.«

Hedda: Die AufLösung einer Schreibblockade

Ein griechischer Philosoph, dessen Bücher verbrannt wurden

Heddas Geschichte bietet ein eindrucksvolles Beispiel dafür, wie einengend sich ein Gedanke, der aus einem früheren Leben stammt, auswirken kann. Hedda wollte unbedingt Romane schreiben. Sie war sehr talentiert, aber sie hatte eine massive Schreibblockade und brachte keinen ihrer Romane zu Ende. Stattdessen überkam sie jeweils eine unerklärliche Trägheit und Verzweiflung, die ihre gesamte Kreativität untergrub. Bei einer Rückführung sah sich Hedda als eine andere Art Schriftsteller, einen Philosophen im alten Griechenland zur Zeit der römischen Invasion. Sein ganzes Leben lang hatte er philosophische Texte gesammelt, abgeschrieben und verfasst und es auf diese Weise zu einer stattlichen Bibliothek gebracht – bis die Römer kamen, sein Dorf angriffen und das Haus mit den gesamten Manuskripten darin niederbrannten.

Der Autor starb verzweifelt; alle seine philosophischen Werke waren vernichtet. Er war so niedergeschlagen, zornig und unglücklich, dass er sich am Ende seines Lebens schwor: »Ich werde nie mehr schreiben.«

Bei der Rückführung wurde sich Hedda dieses Gedankens in ihr sehr stark bewusst: »Ich werde nie mehr schreiben« – und sie begriff, dass er nichts mit ihr zu tun hatte, sondern mit der Figur aus einem früheren Leben, die in ihr steckte, dem alten griechischen Philosophen. Sie musste mit ihm reden, ein wenig mit ihm verhandeln und ihm mitteilen: »Heute kommen die Römer nicht. Es ist alles okay, man kann wieder gefahrlos schreiben.«

Danach stellte sie fest, dass sie mit ihren Texten vorankam und in gewisser Weise auch mit *seinen* Texten, die noch nicht abgeschlossen waren und in denen noch einige philosophische Einsichten zutage treten mussten.

Ich war bei über tausend Rückführungen dabei und bin zu dem Schluss gekommen, dass die Not leidende Seele des Verstorbenen genau die Art von Therapie braucht, an der es ihr auf Erden fehlte: die Chance, Gefühlen Luft zu machen, sich von Trauer und Scham zu befreien, um Vergebung zu bitten oder einfach eine geistige Wiedervereinigung mit dem zu finden, was sie verloren hat. Der Bardo wird zu einem Ort, an dem wir die Gelegenheit haben, Heilung durch einfache geistige Psychodramen in Gang zu setzen. Sie bewirken die kathartische Befreiung von Gefühlen, die Chance der Versöhnung mit Feinden, mit denen wir auf Erden Konflikte hatten, oder die Wiedervereinigung mit denjenigen, von denen wir getrennt wurden.

Wendy: Jenseits des Massakers

Ein geistiges Nachhausekommen

Als wir Wendy in Kapitel 1 begegnet sind, wurde deutlich, wie verheerend sich die tragische Geschichte vom Indianerjungen, der seine Familie nicht retten konnte, auf ihr heutiges Leben auswirkte, indem sie bei Wendy lebenslange Panikattacken erzeugte, wenn sie von ihrer Familie getrennt war. Ihre Geschichte veranschaulicht, wie komplex die Gefühlszustände und negativen Gedanken, die man in den Bardo hinübernimmt, sein können. Gleichzeitig zeigt sie auch auf, dass diese durch simples Psychodrama und Reflexion gelöst werden können oder durch das, was man in den alten spirituellen Traditionen *Metanoia*, die innere Umkehr, nennt.

Wie Sie sich sicher erinnern, kehrten der Junge und der Vater in Wendys Geschichte gerade in dem Augenblick heim, als die Mutter und die jüngeren Kinder von den Soldaten niedergemetzelt wurden. Trotz ihres heldenhaften Angriffs wurden auch der Vater und der Sohn getötet. Während der Rückführung stellte ich die Schlüsselfragen, um die eingeprägten Muster ans Licht zu bringen: »Was denken und fühlen Sie beim Sterben?« Die Emotionen des Jungen beim Sterben waren eine furchtbare Mischung aus Qual und Trauer, Angst und Schuld. Der vorherrschende Gedanke lautete: »Ich hätte sie niemals allein lassen dürfen.«

Im Bardo erlebte Wendy eine Zeit lang Unmengen von Trauer, während sie die Szene, wie die Mutter, der Bruder und die Schwester des Jungen tot am Boden lagen, wieder abspielte. Ihr Körper zitterte immer noch von der panischen Angst des Jungen, als er selbst ergriffen und getötet wurde. Sie schluchzte unkontrollierbar: »Ich hätte sie nie allein lassen dürfen. Wie konnte ich das tun?«

»Wo sind Sie jetzt?«, fragte ich sie.

»Ich bin immer noch da und betrachte die Leichname«, antwortete sie heftig schluchzend. »Ich kann es einfach nicht glauben!«

Ich fragte sie, wie lange sie dort geblieben war. »Viele Tage«, sagte sie. »Aber jetzt haben die Geier sie fast aufgefressen. Es ist grauenhaft.«

»Was geschieht nun?«

»Ich verlasse den Ort. Ich schwebe oben, hoch oben über dem Dorf. Aber ich kann nicht aufhören, daran zu denken, was wir getan haben und wie töricht wir waren.«

»Sind Sie allein?«, fragte ich.

»Ich sehe niemanden sonst. Das Einzige, woran ich denken kann, ist, dass wir sie sterben ließen. Es ist alles unsere Schuld.«

»Es ist jetzt vorbei«, versuchte ich sie zu beruhigen. »Machen Sie sich das klar.«

»Ich werde es nie vergessen«, sagte sie. »So etwas darf nie wieder vorkommen.«

Um Wendy aus der negativen Vertiefung in die Schuld des Jungen herauszuholen, sagte ich zu ihr: »Sie befinden sich jetzt nicht in einem Körper. Ihre Familie auch nicht. Schauen Sie sich um. Was sehen Sie?«

Sie brach wieder in Tränen aus, als der Junge sagte: »Meinen Vater. Er versucht, mich zu erreichen. Er sagt mir, ich solle mir keine Sorgen machen. Wir hätten nichts tun können. Die anderen waren zahlenmäßig überlegen. Ich kann ihn nur schwer hören, aber dann winkt er mir: ›Schau‹, sagt er. ›Sie sind alle hier!‹ Und es stimmt. Meine Mutter und die Kleinen. Sie leuchten und sind sehr schön; ihre Gesichter strahlen. Sie scheinen besser als ich zu wissen, dass es vorbei ist. ›Du wirst uns nie verlieren‹, sagen sie. O mein Gott! Ich erkenne sie: Es sind meine drei Kinder aus diesem Leben!« Sofort begriff sie auf einer tieferen Ebene als jemals zuvor, was es mit ihrer Ängstlichkeit auf sich gehabt hatte und warum sie sich so verlassen fühlte, als ihre Kinder eines nach dem anderen aus dem Haus gingen.

In diesem bewegenden Psychodrama gab ich Wendy ein Kissen zum Umarmen, und sie bat um noch weitere Kissen, um alle Geister der einstigen Familie umarmen zu können. Halb lachend und halb weinend rief sie aus: »Sie sagen mir, dass ich keine Schuld habe. Ich habe keine Schuld! Das ganze Dorf ist da. Alle führen einen großen Tanz um ein Feuer herum auf. Es ist, als würden sie mich zu Hause willkommen heißen.« Und dem war auch so!

Die Befreiung von Gefühlen: die Macht der Katharsis

In den dramatischeren Todesszenarien aus früheren Leben sind unsere Gefühle beim Tod meistens ununterscheidbar mit unseren Gedanken verquickt. Wenn Sie anfangen, Ihre früheren Leben zu erkennen, dämmert Ihnen vielleicht allmählich, wie sehr Gefühle, die sich an Situationen in Ihrem jetzigen Leben heften, wie Hass, Groll, Selbstzweifel, Eifersucht oder Misstrauen, ihren Ursprung in früheren Leben haben. Die zweite grundlegende Frage – »Was habe ich im Augenblick des Todes im damaligen Leben gefühlt?« – hilft uns zu begreifen, dass viele hartnäckige Gefühlskomplexe in Wirklichkeit Projektionen von »einer Geschichte hinter der Geschichte« sind. Fragen Sie sich:

- Bin ich immer noch wütend auf die Menschen, die meine Familie brutal behandelt haben?
- Bin ich immer noch verzweifelt, weil ich von den von mir geliebten Menschen getrennt wurde?
- Bin ich unglücklich darüber, dass das Leben auf irgendeine Weise ein Fehlschlag war?

- Grübele ich immer noch über etwas nach, das ich tief bedauert habe?
- Halten meine Gefühle der Beschämung mich immer noch davon ab, voll im Leben zu stehen?

Werden Sie sich beim Anschauen Ihrer früheren Leben jener Gefühle bewusst, die Sie immer noch mit sich herumtragen. Sie müssen sich klar machen, dass das Leben, in dem sie entstanden sind, vorbei ist. Diese Emotionen sind nicht mehr angemessen; sie sind nichts weiter als emotionale Relikte, für die die Zeit gekommen ist, sie loszulassen, wenn es Ihnen möglich ist. Vielleicht müssen Sie diese Gefühle ausdrücken, um sich voll und ganz von ihnen zu befreien. Vielleicht müssen Sie ein paar Tränen vergießen. Vielleicht müssen Sie ein wenig Wut zulassen. Vielleicht müssen Sie sich für etwas vergeben, was Sie getan und bedauert haben. Sie haben jetzt die Gelegenheit, über die Vergangenheit nachzudenken und sich ihrer negativen emotionalen Aufladung zu entledigen.

Maxine: Ein berufliches Karma

Eine Journalistin, motiviert von Ungerechtigkeiten im früheren Leben

Als ich Maxine kennen lernte, konnte ich gleich sehen, dass sie von Wut motiviert wurde. Sie nahm leidenschaftlich Anteil an allen Ungerechtigkeiten, die sie in ihrer Umgebung wahrnahm. Da sie in Südamerika lebte und als investigative Journalistin arbeitete, mangelte es ihr nie an Arbeit, und sie brachte einen Großteil ihrer Zeit damit zu, politische Skandale und geheimdiplomatische Absprachen aufzudecken. In ihrem früheren Leben erlebte sie sich als mexikanischen Revolutionär in einem der Kriege am Ende des 19. Jahrhunderts. Dieser Revolutionär war von den Spaniern gefangen genommen und ohne Gerichtsverfahren hingerichtet worden. Man hatte ihn an einen Pfahl gebunden und erschossen.

Als wir die Geschichte in einem Psychodrama nachspielten, erlebte der Revolutionär in Maxine den gewaltsamen Tod noch einmal und zerrte verzweifelt, mit verbundenen Augen und voller Wut und Hass, an den Stricken, mit denen man ihn an den Handgelenken gefesselt hatte. Im Augenblick des Todes dachte er: »Das lasse ich nicht noch einmal zu.« Genau das versuchte Maxine jetzt in ihrer Arbeit als Journalistin. Sie hatte, vom professionellen Standpunkt aus betrachtet, nicht unbedingt einen negativen Überhang in dieses Leben mitgenommen, aber sie musste sehr viel Wut in ihren Handgelenken und Kiefern loslassen, die gar nicht den politischen Skandalen von heute galt. Es war für den Revolutionär in Maxine sehr befriedigend, den spanischen Tyrannen im Bardo gegenüberzutreten, und es verschaffte ihr die Einsicht, dass es noch Karma zu bearbeiten gab.

Juan: Angst vor einem tödlichen Fehler

Der Junge, der gehängt wurde, weil er Brot stahl

Juan, ein Sozialarbeiter, suchte mich auf, weil er unter großer Leistungsangst litt: Er hasste es, vor Publikum zu sprechen. Die größte Herausforderung für ihn war, im Kreise von Kollegen Berichte von seinen Fällen vorzustellen. Er litt unter der panischen Angst, dass sie ihn verspotten und hinter seinem Rücken kritisieren könnten. Er war davon überzeugt, dass ihm in ihrer

Gegenwart irgendein furchtbarer Fehler unterlaufen würde – obwohl nichts dergleichen auch nur annähernd je geschah.

Wir begannen Juans Rückführung, indem wir den Satz benutzten, der für ihn am stärksten negativ aufgeladen war: »Ich werde einen Fehler machen. Ich werde es falsch machen.« Als er auf der Matte lag, änderte sich der Schwerpunkt dieses Satzes sehr rasch. »Ich habe einen Fehler gemacht«, sagte er. »Ich habe ein Unrecht begangen. Ich muss sterben.« Sein ganzer Körper verkrampfte sich, und er verschränkte seine Hände spontan hinter dem Rücken.

»Was geschieht?«, fragte ich. »Wo sind Sie?«

»Alle schauen mich an. Es ist furchtbar. Ich schäme mich so. Ich habe etwas getan, wovon man mir sagt, dass es unrecht war.«

»Was haben Sie getan?«

»Ich habe gestohlen«, sagte er. »Brot. Ich war nahe am Verhungern. Und jetzt muss ich sterben.«

Juan sah sich in einer mittelalterlichen europäischen Stadt als ein zehnjähriger Junge, den man beim Stehlen erwischt und vor den Magistrat gezerrt hatte. Er wurde zum Strang verurteilt und unter dem Gejohle der Menge durch die Straßen geführt.

Beschämt ließ er den Kopf hängen. Als er aufs Schafott stieg, nahm die Anspannung in seinem Körper immer mehr zu. In einem Kurz-Psychodrama simulierte ich den Strick des Henkers mit einem gefalteten Handtuch, das ich vorsichtig (und ohne Druck auszuüben) um Juans Hals legte. Plötzlich verkrampfte er sich, und sein Rücken bog sich durch. Er rang nach Luft, lief einen Augenblick lang blau an und fiel schlaff auf die Matte zurück.

Dann kamen die Tränen – und die Wut! »Wie konnten sie das tun? Ich habe nie jemandem wehgetan. Es gab keine Arbeit. Niemand hat sich auch nur im Geringsten um uns auf der Straße gekümmert. Ich hasse sie! Ich hasse sie!«

»Schauen Sie sich alle an«, forderte ich ihn auf.

»Ich sehe den wichtigtuerischen scheinheiligen Richter! Du übles, herzloses Schwein! Und die Bürger – so dick und warm in ihren Pelzen und ihrer Pracht. Haben sie sich je um uns Arme gekümmert?«

Ich ließ Juan eine Weile seine Wut austoben, weil ich spürte, dass sein Empfinden, ungerecht behandelt worden zu sein, die Wurzel seiner gesamten Angst und Demütigung bildete. Dann fragte ich: »Sind sie alle so?«

»Nein, nicht alle. Viele Menschen in der Stadt kennen und mögen mich. Sie sagen mir, dass ich nichts Schlimmes getan habe! Die Reichen schützen einfach nur ihre Interessen. Die anderen geben mir keine Schuld. Das Leben ist nicht gerecht! Die Reichen rauben und stehlen ungestraft.«

»In der geistigen Welt scharen sich die einfachen Leute jetzt alle um mich«, berichtete er weiter. »Bei ihnen fühle ich mich wohl. Sie bewundern mich dafür, dass ich so lange auf der Straße überlebt habe. Ich sehe, dass ich ein Waisenkind war. Kein Wunder, dass ich im jetzigen Leben Sozialarbeiter geworden bin. Sie sagen mir, ich solle soziale Missstände brandmarken, ich solle auf meine Arbeit stolz sein. Jetzt fühle ich mich viel stärker. Wenn ich mir überlege, dass ich all das mit mir herumgetragen habe.« Er betastete seinen Hals. »Er war immer steif«, sagte er, »und ich mag keine hochgeschlossenen Pullover und Krawatten.«

Ich zog das Handtuch um seinen Hals etwas enger. »Machen Sie es ab«, forderte ich ihn auf. Er riss es weg. »Jetzt ist Ihr Hals frei«, sagte ich ihm.

Juan rief mich einige Zeit später an und berichtete mir, dass seine ganze Angst vor öffentlichen Präsentationen verschwunden war. Und siehe da, man hatte ihn gebeten, Vorträge in einer örtlichen Jugendeinrichtung zu halten, und es hatte ihm Spaß gemacht.

In beiden Geschichten aus früheren Leben erweist sich der Bardo oder die Nachtodeswelt im Wesentlichen als Ort, an dem alte emotionale, mentale und physische Muster losgelassen werden können. Einfache Formen des Psychodramas halfen Maxine und Juan, ihren Groll, Zorn und Schmerz auszudrücken, was beide ermutigte, sich über ihre Angst hinaus an einen Ort zu begeben, wo sie mit großer Klarheit und Sicherheit wussten, dass die Vergangenheit wirklich vergangen war. Und mehr noch: Indem sie mit den Geistern derjenigen in Kontakt traten, die sie auf Erden gekannt hatten, brachen sie alte Muster auf und begannen, stabile neue Verhaltensweisen zu entwickeln, die sie aus der zwanghaften Wiederholung des alten Leidens herausholten.

CD-ÜBUNG 4

Erinnerungen an einen Tod im früheren Leben klären und Versöhnung im Bardo finden

In der letzten Übung haben Sie Ihren Tod in einem früheren Leben erlebt und sind über ihn hinausgegangen. Es macht Ihnen jetzt vermutlich nichts aus, sich über oder jenseits der Todesszene im letzten Leben aufzuhalten. Sie haben begonnen, das »himmlische Auge« zu entwickeln und im Bardo zu arbeiten.

Aber es kann noch viele Dinge aus dem früheren Leben geben, das Sie sich angeschaut haben, die sich unerledigt anfühlen. Diese Übung wird Ihnen helfen, diese Angelegenheiten mithilfe eines Fragenkatalogs zu klären, in dem die drei grundlegenden Fragen zu unerledigten Gedanken, Gefühlen und physischen Empfindungen ausgeführt werden. Sie wird Ihnen auch helfen, mit Geistführern und spirituellen Lehrern in Kontakt zu treten, um Ihre Erfahrungen noch tiefer zu verstehen.

Legen Sie je nach Wunsch Kopfhörer bereit sowie ein Notizbuch, einen Stift und Zeichenmaterial, um Ihre Erfahrungen und die Botschaften, die Sie empfangen, festzuhalten. Hören Sie jetzt an einem ruhigen Platz Übung 4 der beiliegenden CD an.

KAPITEL SECHS

Wie sich unser Körper an frühere Leben erinnert

Wir betraten das Haus der Verwirklichung,
wir bezeugten den Körper.

YUNUS EMRE

Im Körper ist alles aufgezeichnet.

BESSEL A. VAN DER KOLK

Erinnerungen im feinstofflichen Körper: Der ätherische Abdruck

Wenn wir tief in eine Rückführung hineingehen, haben wir oft außerordentlich lebhafte Erinnerungen an physische Schmerzen, verrenkte Glieder, Kämpfe oder Niederlagen, und wir erleben dies alles in einem voll verkörperten Bewusstsein. Wenn wir den Phantomschmerz eines Schwertes spüren, das in unserer Seite steckt, oder den Phantomschmerz einer Vergewaltigung oder Enthauptung, kommen wir in Kontakt mit der tiefsten Schicht traumatischer Relikte, die sich durch verschiedene Leben hindurch erhalten haben. Im letzten Kapitel erlebte Juan klar und deutlich einen Tod durch Erhängen wieder, der sich im steifen Hals manifestierte, unter dem er sein Leben lang gelitten hatte. Elmores chronischen Rückenschmerzen lag die Erinnerung an brutale Prügel zugrunde (Kapitel 3); Madelines Schuld aus ihrem Leben als Sklavenhalter prägte sich als ähnlich krankhafte Erinnerung in ihrem Nacken ein (Kapitel 4).

Wenn solche physischen Erinnerungen bei einer Rückführung hochkommen, schockieren sie uns häufig, besonders wenn es im jetzigen Leben nichts gibt, das sie erklären könnte. Die hilfreichste Erklärung lautet, dass diese Erinnerungen im feinstofflichen Körper gespeichert sind – also in den feinstofflichen Energieschichten, die den physischen Körper umgeben und durchdringen. (Einige Forscher sprechen vom »Zellgedächtnis«, aber dieses Bild wirft unglücklicherweise mehr Fragen auf, als es Antworten gibt. Die russische Forschung auf dem Gebiet der bioelektrischen Aura, die pflanzliche, tierische und menschliche Körper umgibt und die man mit der Technik der Kirlian-Fotografie sichtbar machen kann, wird den Dingen besser gerecht, weil sie von »Energiefeldern« in und um den Körper herum spricht, die Magnetfeldern gleichen.) Sowohl durch die Reinkarnationsforschung als auch durch die Rückführungstherapie wurde inzwischen eine beeindruckende Menge an Zeugnissen gesammelt, die aufzeigen, dass diese alten Traumata, die durch die erste Schicht des feinstofflichen Körpers – ich nenne sie auch das *Ätherfeld* oder die *ätherische Blaupause* – weitervererbt werden, sich im jetzigen lebenden Körper durchweg als Ausschläge, Verunstaltungen, Muttermale,

Schwäche von bestimmten Gliedern manifestieren oder als organische Störungen, wie eine schwache Blase, ein schwaches Herz, gynäkologische Probleme und dergleichen mehr.

Wunden aus der Vergangenheit

Die verheerende Wirkung von Wunden aus früheren Leben, die in der Ätherschicht des feinstofflichen Körpers eingeprägt sind, kann gar nicht hoch genug eingeschätzt werden. Das ist in vielerlei Hinsicht die einschneidendste Entdeckung, die in der Rückführungsarbeit gemacht wurde, und sie kann potenziell die Art und Weise revolutionieren, wie wir an körperliche Heilung herangehen. Es folgen einige Beispiele dafür, dass tatsächlich Heilung stattfindet, wenn wir uns an die Wunde aus dem früheren Leben erinnern und uns im Ätherfeld von ihr befreien:

Sophie hatte jahrelang an Migräne gelitten. Bei einem Workshop stieß sie auf ein früheres Leben im 19. Jahrhundert, in dem sie als junges Mädchen in einer Bergarbeiterstadt irgendwo im Westen der USA lebte. Ihr Vater, ein Alkoholiker, griff sie ständig an und behandelte sie oft brutal. Als sie ihm einmal eine Widerrede gab, nahm er eine Eisenstange und schlug ihr den Schädel ein. Während Sophie diesen grauenhaften Tod wieder erlebte, spürte sie einen kurzen, »rasenden Kopfschmerz« in dem Moment, als die Stange den Kopf spaltete. Dann befand sie sich außerhalb des Körpers und schaute auf ihren Körper und ihren inzwischen reumütigen Vater herab. Als sich ihr Geist von der furchtbaren Szene entfernte, spürte sie deutlich, wie sich die Energie um ihren Kopf herum auflöste. Von da an kam die Migräne nie wieder.

Pedro litt an chronisch steifen Schultern und einem sehr verspannten Rücken, was er weder mit Chiropraktik noch Körpertherapie in den Griff zu bekommen schien. Bei einer Rückführung in ein früheres Leben als südamerikanischer Bauer sah er sich als Gefangenen einer urzeitlichen Priesterkaste, die einen Großteil seines Stammes versklavt hatte, um Tempel und Pyramiden zu bauen. Er erduldete jahrelange Entbehrungen und musste schwere Körbe mit Steinen bergauf schleppen. Dauernd stand er unter der Beobachtung von bösartigen Aufsehern, die alle Sklaven schlugen, wenn sie stolperten oder bei der Arbeit langsamer wurden. Eines Tages war er körperlich am Ende, brach mit zerschundenen Rückenwirbeln teilweise gelähmt zusammen und konnte nicht mehr arbeiten. Er wurde dem Hungertod überlassen und starb qualvoll unter schrecklichen Rücken- und Schulterschmerzen. Doch sobald sein Geist im Bardo ankam, konnte er auf seinen Körper herabschauen und begreifen, dass er nie mehr die erschöpfende Arbeit verrichten musste, die ihm buchstäblich den Rücken gebrochen hatte. Nach einem heilsamen Psychodrama, in dem er simulierte, eine schwere Last vom Rücken zu werfen, berichtete er, dass seine Schultern und sein Rücken sich völlig anders anfühlten. Die Schmerzen kehrten nicht mehr zurück.

Flavio litt unter chronischer Arthritis in den Hüften und dem rechten Bein. Obwohl ein Großteil der Schmerzen sich auf die Gelenke konzentrierte, berichtete er auch davon, dass sein rechtes Bein immer vom Knie bis zur Hüfte verspannt war. Statt zu versuchen, ihn von seinem Schmerz zu erlösen, wie es viele Therapien tun, bestand mein Ansatz darin, mithilfe der Übertreibung des Schmerzes dem Bein zu erlauben, eine Geschichte zu erzählen. Flavio sah sich dabei als Marinesoldat im

18. Jahrhundert, dessen Schiff beschossen wurde. Sein rechter Unterschenkel war von einer Kanonenkugel zertrümmert worden, und der Schiffschirurg ging daran, es oberhalb des Knies zu amputieren. Zwei starke Seeleute hielten ihn fest, während er qualvoll schrie. Das war die Verspannung, die den furchtbaren Schmerz im rechten Bein und den Hüften verursacht hatte: Er versuchte mit aller Macht, sein Bein dem Messer des Chirurgen zu entziehen.

Kurz danach starb er an dem starken Blutverlust und dem Trauma, aber sein Körper kämpfte bis zuletzt. Als Flavio sah, wie er über dem Schiff und der Seeschlacht schwebte, war die Geschichte für ihn noch keineswegs beendet. Sein Körper zitterte immer noch von dem Phantomschmerz.

Im Psychodrama während des Workshops ließ ich drei starke Männer die Rolle des Chirurgen und seiner Helfer spielen. Flavios Verspannung verdoppelte sich sofort, als sie ihn festhielten.

»Sie nehmen mir das Bein ab«, schrie er.

Ich fragte ihn: »Was versucht Ihr Körper zu tun?«

»Ich versuche, an meinem Bein festzuhalten.«

Ich ermutigte ihn, sich zu wehren, damit er spürte, wie stark er daran festhielt. Dann bat ich die Mitspieler, ihn loszulassen, sodass Flavio sein Bein wegziehen konnte. Dabei brach er erschöpft zusammen. Die ganze Verspannung war fort. »Schauen Sie«, sagte ich, »im Hier und Jetzt haben Sie Ihr Bein nicht verloren, es ist immer noch da.« Aber er hatte den gewaltigen unerledigten Kampf zur Rettung seines Beins zu Ende führen müssen: den alten Kampf, der in seiner Bein- und Hüftmuskulatur durch den ätherischen Abdruck dieses furchtbaren Todes eingeschlossen war.

Die Heilung des körperlichen oder ätherischen Traumas findet im Bardo dadurch statt, dass wir uns von der alten Szene lösen – im Wissen, dass sie vorbei ist, und mit der Entscheidung, sie loszulassen. Dabei können wir verschiedene geistige oder bildhafte Methoden benutzen, um den feinstofflichen Körper wieder in Ordnung zu bringen. In Pedros und Flavios Fall genügte ein Psychodrama, in dem die schwere Last abgeworfen bzw. das Bein zurückerobert wurde, um die Relikte des erstarrten Schmerzes zu transformieren. Das alte Programm oder der Film, der in ihrem Unbewussten und im Körper gelaufen war, wurde dadurch gelöscht.

Das Erkennen und Bereinigen von Wunden im Ätherkörper

Für den Heilungsprozess ist es von entscheidender Bedeutung, die letzten Augenblicke des körperlichen Todeskampfes wiederzuerleben, so schrecklich er oft auch ist. Die dritte Schlüsselfrage, die ich vorgeschlagen habe, wenn Sie Ihre Erfahrungen von einem früheren Leben Revue passieren lassen, ist außerordentlich hilfreich, um diese physischen oder ätherischen Muster zu erkennen: »Habe ich im Augenblick des Todes starke körperliche Empfindungen oder Schmerzen?«

Als Sie die Erinnerung an den Tod in einem früheren Leben noch einmal erlebt haben (Übung 4 auf der CD), wurden Sie ermutigt, sich anzuschauen, wie Sie den Körper der Figur aus dem früheren Leben verlassen haben, und sich zu fragen: »Trage ich immer noch etwas von diesem erinnerten Körper mit mir herum? Löst dieser Tod oder irgendeine davor liegende physische Erfahrung in jenem Leben – vielleicht Missbrauch, Verlassenwerden oder Verhungern – immer noch Schmerz in mir aus?« Wenn Sie feststellen, dass dem so ist, versuchen Sie, mit diesem Teil Ihres Körpers sehr sanft zu sprechen. Sagen Sie einfach: »Es ist vorbei. Du kannst den Schmerz jetzt loslassen.« Der Schmerz, der in Ihrem Energiefeld gespeichert ist, »weiß« auf der ihm eigenen Bewusstseinsebene möglicherweise nicht, dass die Erfahrung vergangen ist. Das Muster von Selbstschutz (starrer Rücken und Schultern) oder Angst (ein nervöser Magen, in dem Geschwüre entstehen) wird im Körper immer noch als somatische Blockade, Verspannung oder Krankheit manifestiert. Doch Sie können zu diesem Teil der Erinnerung Ihrer Seele sagen: »Es ist vorbei. Du bist kein Sklave mehr, der misshandelt wird. Du bist kein Eingeborener mehr, der vom Schwert eines Eroberers durchbohrt wird.« Wer auch die Figur sein mag, wir müssen ihr oder ihm sagen, dass es an der Zeit ist, die Geschichte und ihren Abdruck in allen Schichten, dem mentalen, emotionalen und physischen Energiefeld, in denen er festgehalten wird, loszulassen.

Es gibt einen zweiten Typ von Psychodrama, der nützlich sein kann, um tiefe Verwundungen im Ätherkörper zu heilen. Viele Menschen, die in einem früheren Leben an schweren Verwundungen sterben, werden von Geisthelfern im Bardo in eine Art geistiges Krankenhaus gebracht, in dem sie unterschiedliche Formen von Heilung erfahren, oft mithilfe von Licht.

Manchmal kommt ein Geisttier, um Gift aus einer Wunde zu saugen, sie zu reinigen oder einem bestimmten Bereich des feinstofflichen Körpers etwas von seiner Energie abzugeben. (Eine solche Heilung ist Schamanen gut vertraut; viele von ihnen sprechen davon, dass sie mit dem Lichtkörper arbeiten. Das Wissen, dass Heilung im feinstofflichen oder Lichtkörper stattfinden kann, ist für sie ein unumstößlicher Grundsatz.) Entsprechend können wir bei einer Rückführungsheilung im Bardo oft helfen, einen abgetrennten Kopf, abgetrennte Gliedmaßen oder verbrannte Haut zu ersetzen oder klaffende Wunden durch Lichttransfusionen zu schließen, die von Geistheilern und Geisttieren verabreicht werden. Die geistgeführte Imagination ist in diesen höheren Welten oder Bardos, die schneller schwingen als die materielle Welt, von ungeheurer Heilkraft.

Rosannas Geistheilung

Rosanna litt unter verschiedenen gynäkologischen Problemen und einer Fallgeschichte problematischer Schwangerschaften. Bei jeder Schwangerschaft war es zu Komplikationen gekommen, die einen Kaiserschnitt erforderlich machten. Obwohl sie gern Kinder wollte, war die Schwangerschaft für sie jedes Mal ein fortgesetzter Alptraum. Ebenso wie ihr Mann wünschte sie sich noch ein Kind, jedoch ohne so viele Komplikationen. Als sie einige Rückführungssitzungen machte, sah sie, dass sie in mehr als einem Leben bei der Geburt des Kindes gestorben war – Bilder, die ihr an sich schon sehr viel Angst machten –, aber die schlimmste Erinnerung war die an eine schwangere Frau, der man ihr Kind für ein rituelles Opfer weggenommen hatte. Von solcher Grausamkeit war diese Gesellschaft, dass man ihr das Kind noch vor dem Ende der Schwangerschaft aus dem Bauch schnitt. Das war die am tiefsten und schmerzhaftesten eingeprägte Erinnerung, die sie mit sich herumtrug, und sie stand eindeutig in einem Zusammenhang mit ihren wiederholten Kaiserschnitten.

Bei den Rückführungen befand sich Rosanna während der Sterbeszene zunächst nicht in ihrem Körper, was nur allzu verständlich war, aber als sie schließlich den Tod im Körper wieder erlebte, spürte sie, wie tief sie ein Leben lang Spannung und Angst im Bauch mit sich herumgetragen hatte und dass hier die Ursache für ihre jetzigen gesundheitlichen Probleme lag. Als sie in die geistige Welt ging, kam ihr eine liebevolle Gruppe von Ahninnen – die ich die »Großmütter« nenne –, entgegen, um sie abzuholen. Ihr totes Kind war auch da, und unter Tränen fanden sie sich wieder. Dann brachten die Großmütter sie zu einem heiligen Wasserfall, wo sie ihren feinstofflichen Körper heilten, indem sie ihren verstümmelten Bauch zunähten und ihre Wunden im Becken- und Genitalbereich reinigten, während sie ihr die ganze Zeit sanft die alten Stammeslieder vorsangen.

Die vier feinstofflichen Energiefelder

Es erweist sich als hilfreich, wenn wir uns den feinstofflichen Körper als eine Reihe von verschiedenen Energiefeldern vorstellen. Dadurch gelingt es uns, ein genaueres Verständnis für die verschiedenen Arten von »unerledigten Angelegenheiten« zu entwickeln, die bei einem schwierigen Tod in einem früheren Leben einen Abdruck hinterlassen und bei einer Rückführung an die Oberfläche kommen können. Für Ihre eigene Rückführungsarbeit kann es nützlich sein, noch einmal die Felder oder Körper aufzulisten, die ich erwähnt habe, die typischen Probleme zu skizzieren, die mit ihnen im Zusammenhang stehen, und zu zeigen, wie sie zusammenwirken, um einen starken Abdruck eines früheren Lebens herzustellen.

In Anlehnung an die traditionellen Yoga-Lehren des alten indischen Weisen Patanjali, können wir unterscheiden:

- *Das Ätherfeld (oder der Vitalkörper)*: Dort sind physischen Wunden, Verletzungen, Verstümmelungen, Krankheiten oder Körperschmerzen eingeprägt, die in einem bestimmten Leben nicht geheilt oder gelöst wurden. Dieses Feld ist dem physischen Körper sehr nahe, und in ihm verlaufen die Meridiane, die man in der chinesischen Akupunktur und ähnlichen Systemen kennt. Seine Hauptenergieform ist *Ki*, *Prana* oder einfach *Lebenskraft*. Bei Blockaden oder Narben aus der Vergangenheit kann die Lebensenergie nicht fließen, was Krankheiten oder organische Störungen hervorruft.

- *Das Emotionalfeld (oder der Astralkörper)*: Hier befinden sich lebhafte Erinnerungen an unerlöste Gefühlszustände und emotionale Traumata aus vergangenen Leben, wie etwa Angst vor körperlicher Gewalt, Wut über Ungerechtigkeiten, Depression aufgrund einer hoffnungslosen Situation, Trauer über einen großen Verlust, Schuld wegen grausamen Verhaltens, Scham wegen schlechter Behandlung oder Demütigung und Gefühle der Wertlosigkeit aufgrund eines irgendwie gearteten Versagens. Dieses Feld ragt einen halben bis einen Meter über den physischen Körper hinaus. Es kann gespürt oder von hellsichtigen Menschen als *Aura* wahrgenommen werden, oft in Farben, die den Gefühlszuständen oder Stimmungen entsprechen.

- *Das Mentalfeld (oder der Mentalkörper)*: Dort sind alle zwanghaften und sich dauernd wiederholenden Gedanken gespeichert, wie etwa: »Ich werde es ihnen heimzahlen«; »Niemand interessiert sich für mich«; »Ich habe nicht genug getan« oder »Es wird nie reichen«. Dort sind auch Gedanken eingeprägt, die eine negative oder begrenzende Wirkung auf das Selbst haben – Gedanken, die oft direkt auf den Emotionalkörper einwirken und dort bestimmte Zustände aufrechterhalten: »Ich tauge nichts; ich habe sie enttäuscht«; »Alle beobachten mich« oder »Ich werde nie mehr jemandem trauen«. Dieses Feld ragt über den Körper in einer Breite von mehreren Metern hinaus und füllt manchmal den Raum oder sogar ein ganzes Auditorium aus.

Diese drei Felder sind uns bereits vertraut, denn sie entsprechen dem Ansatzpunkt der drei grundlegenden Fragen zu den Gedanken, Gefühlen und physischen Empfindungen beim Tod. Doch es gibt noch ein viertes Feld, das über die drei ersten hinausgeht:

- *Das spirituelle Feld (oder der Kausalkörper)*: Dieses feinstoffliche Feld ist, streng genommen, keine individuelle Angelegenheit mehr, sondern hat mit dem zu tun, was Jung das *kollektive Unbewusste* jenseits des individuellen Bewusstseins nannte. Durch es beeinflussen oder durchdringen äußere geistige Kräfte die anderen feinstofflichen Körper. In diesem Feld finden wir sämtliche Relikte von seelischen und geistigen Verbindungen positiver oder negativer Art mit den Geistern der Menschen, mit denen wir in einem früheren Leben viel zu tun hatten. Das sind die karmischen Fesseln, die uns an andere binden, und es kann tiefgreifende Auswirkungen auf unser jetziges Leben haben, wenn wir sie erkennen. Das spirituelle Feld kann Energien enthalten, die mit irgendeinem oder allen anderen Feldern auf verschiedene Weise zusammenwirken. Beispielsweise können sich Geister von verstorbenen Kindern aus einem früheren Leben an den Gebärmutterbereich des Ätherkörpers hängen; Geister von einsamen oder unglücklichen Wesen, die wir einmal kannten, können sich an trauernde Teile des Emotionalfeldes hängen; oder Geister, denen Unrecht geschehen ist oder die verlassen wurden, können sich zornig an das Mentalfeld heften, in dem immer noch Schuldgefühle wegen des Verrats an ihnen vorhanden sind.

Die ersten drei Energieschichten, der Vital-, Emotional- und Mentalkörper, lösen sich beim Tod in ihrer Gesamtheit vom Körper als Energiehülle ab. Man könnte sie mit russischen Puppen vergleichen, bei denen es eine Großmutterpuppe gibt, in der eine kleinere Mutterpuppe steckt, in der sich eine weitere Puppe verbirgt, bis man zum Schluss in der Mitte auf die Babypuppe stößt. Stellen Sie sich vor, dass der physische Körper der Babypuppe entspricht. Die erste Schicht, die sich beim Sterbeprozess ablöst, ist die äußere Hülle: der Mentalkörper. Das ist das Energiefeld, das, wie Patanjali sagt, die eingravierten, gespeicherten Gedanken enthält. Dann folgt der Emotionalkörper, in dem sich die eingeprägten Gefühle befinden. Die letzte Hülle, die sich ablöst und die dem physischen Körper am nächsten ist – die kleinste Puppe im Modell der russischen Puppen, die die Babypuppe umgibt –, ist das, was wir den *Ätherkörper* nennen; der Vital- oder Lebensenergiekörper.

Wenn ein Mensch stirbt, nimmt er also diese drei Schichten mitsamt ihren Prägungen mit. Wurde jemand hinterrücks erstochen, entsteht im Ätherkörper, dem kleinsten der Körper, ein Abdruck der Stichwunde, der zu einer ätherischen Blaupause wird, die die zukünftigen Leben auf der physischen Ebene beeinflusst. Selbst ein Bild des Messers bleibt im feinstofflichen Körper auf der Ätherebene erhalten. Wenn der Mensch, der erstochen wurde, in dem betreffenden Augenblick sehr zornig war – wenn er beispielsweise bei einem Streit im Wirtshaus getötet wurde –, hinterlässt der Zorn einen tiefen Abdruck im Emotionalkörper, der in enger Verbindung mit der Wunde im Ätherkörper steht. (Ein Hellsichtiger könnte den Zorn als rote Energie um die Stichwunde herum sehen.) Diese Zornesenergie ist weiter draußen im Energiekörper angesiedelt als der physische oder der Ätherabdruck der Stichwunde, aber die Abdrücke sind durch Bilder von diesem Ereignis miteinander verbunden. Es mag auch noch andere Relikte im Emotionalfeld geben, die nicht unbedingt mit dem Todestrauma zu tun haben. Wenn ein Mensch beispielsweise ein sehr einsames Leben geführt hat und in seinem Dorf als Einzelgänger und ohne Freunde gelebt hat, kann im Emotionalfeld Bitterkeit an die Bilder der Einsamkeit geheftet sein.

Die Gedanken – das ganze mentale Universum – des Sterbenden bilden die dritte Schicht von Prägungen, die sich beim Tod ablöst. (Zweifellos erklärt das, warum man sagt, dass sich vor einem Ertrinkenden noch einmal sein ganzes Leben blitzartig abspult.) Der Mann, der bei einem Streit im Wirtshaus mit einem Messer im Rücken stirbt, denkt wütend: »Ich werde es ihm heimzahlen. Ich werde ihn umbringen. Wie kann er es wagen, mir das anzutun?« Diese Gedanken sind emotional aufgeladen, aber es sind dennoch Gedanken. Es sind konkrete Rachegedanken, die, wie Patanjali sagen würde, in der äußeren Hülle des Energiekörpers, dem Mentalkörper, abgelegt sind. Wenn solche Rachegedanken zur mentalen Prägung gehören, wirken sie auf das Emotionalfeld ein und lagern sich in der ätherische Blaupause ab, die in die nachfolgenden Leben mitgenommen wird.

Von der vierten Energieschicht, dem spirituellen Körper, kann man nicht sagen, dass er sich »ablöst«, weil er sich außerhalb des Individuums befindet und zum kollektiven Unbewussten statt dem individuellen Bewusstsein gehört, aber sein Einfluss zeigt sich nach dem Tod in Form von Erinnerungen an unerledigte Aufgaben, Relikten von Beziehungen und Verbindungen mit den Seelen von Verstorbenen. (Ein General, der von Schuld verzehrt wird wegen der vielen Toten, die er auf dem Gewissen hat, kann im spirituellen Feld von Erinnerungen und sogar von den Geistern dieser gefallenen Soldaten verfolgt werden.)

All diese Energien, die in der Aura des zukünftigen Körpers einen Abdruck hinterlassen, enthalten erstarrte oder komprimierte Bilder des Lebens, in dem sie stattgefunden haben. Sowohl durch Rückführungsarbeit als auch durch Energieübertragung, Meditation und viele Arten von Körperarbeit und Heilung können die gewöhnlich mit Gefühlen besetzten Fragmente dieser Bilder an die Oberfläche gebracht werden. Und wenn wir verstehen, wie die Energie eines früheren Lebens – mental, emotional, physisch und geistig – in den verschiedenen Feldern des feinstofflichen Körpers eingraviert ist, können wir bei Rückführungen und der Betrachtung eines früheren Lebens noch gezielter vorgehen, indem wir den drei grundlegenden Fragen noch eine vierte hinzufügen:

»Was denke ich im Augenblick des Todes?«

»Was fühle ich im Augenblick des Todes?«

»Habe ich starke körperliche Empfindungen oder Schmerzen im Augenblick des Todes?«

»Mit wem habe ich im Augenblick des Todes eine nicht abgeschlossene Beziehung?«

Ich möchte mit einem Beispiel enden, das uns die verschiedenen Ebenen der Abdrücke im feinstofflichen Körper vor Augen führt und uns zeigt, wie im Relikt eines vergangenen Lebens jede Ebene die anderen beeinflusst.

Carmella: Herzgeräusche

Ewige Treue gegenüber einem großen Anführer

Carmella, eine junge Journalistin, machte ihre Arbeit sehr gewissenhaft, aber sie war ein relativ einsamer Mensch und suchte immer noch nach dem richtigen Mann an ihrer Seite. Als sie während eines Workshops die körperlichen Auswirkungen der Rückführungsarbeit erlebte, wurde ihre Besorgnis geweckt, und sie fragte mich, ob eine Rückführung für sie ungefährlich sei, da sie Medikamente gegen leichte Herzgeräusche einnehme. Ich antwortete ihr, sie solle sich keine Sorgen machen, und sie unterzog sich einer Rückführung, bei der der Schwerpunkt auf ihren Herzschmerzen lag. Sie sah sich als einen Soldaten Anfang des 17. Jahrhunderts, der einem schottischen Prätendenten auf den englischen Thron treu ergeben war. Der Prätendent marschierte in England ein, aber der Feldzug scheiterte, und der treue Soldat blieb mit einem Spieß in der Brust, der in der Nähe des Herzens steckte, auf dem Schlachtfeld zurück. Während seines qualvollen Todes dachte er im Delirium: »Ich darf meinen geliebten Herrn nicht im Stich lassen; ich muss bei ihm bleiben. Ich darf meinen Posten nicht verlassen.« Als der Soldat seinen Körper verließ, ging sein Geist nicht in die geistige Welt, sondern schwebte über dem Körper, den er gerade verlassen hatte, und wiederholte: »Ich darf meinen Herrn nicht im Stich lassen.« In diesem Zustand der Verwirrung war dem Geist des treuen Soldaten nicht klar, dass er tot war.

Zunächst machte ich dem Geist des Soldaten klar, dass er tatsächlich gestorben war. Dann stellte ich Carmella die drei grundlegenden Fragen: »Welchen Schmerz tragen Sie aus diesem Leben immer noch in Ihrem Körper?« »Was fühlen Sie?« »Was denken Sie?« Sie entdeckte den Spieß im Herzen des Soldaten, und ich schlug ihr vor, sie solle sich einen Geisthelfer vorstellen, der ihn herauszog. Nun fing Carmella an zu weinen, und es war klar, dass der starke physische Schmerz in der Herzgegend durch das emotionale Leid, das der Soldat beim Verlust seines geliebten Herrn verspürt hatte, noch verstärkt worden war. Auf der mentalen Ebene hielten Gedanken wie »Ich muss bei meinem Herrn sein« seinen Geist in einer bildhaften Wiederholung des Todesaugenblicks auf dem Schlachtfeld gefangen. Er war nicht imstande, den nächsten Schritt zu tun, denn er wiederholte sich zwanghaft: »Ich darf meinen Posten nicht verlassen.« Schließlich brachte ich ihn dazu, seinen Herrn in der spirituellen Welt zu suchen und seine Dankbarkeit zu erleben. Als er das tat, war er imstande, die vierte Frage zu beantworten: »Mit wem haben Sie eine nicht abgeschlossene Beziehung?« und die karmische Wunde dieser gewaltsam durchtrennten Verbindung im geistigen Feld zu heilen. Es herrschte große Freude, als er wieder im Dienst seines geliebten Herrn stand – den Carmella als einen Mentor in ihrem jetzigen Leben erkannte.

Nachdem Carmella die Last der Trauer abgeworfen hatte, fühlte sie sich in der Herzgegend sehr befreit. Einige Monate später erzählte sie mir am Telefon, dass sie die Medikamente gegen ihre Herzgeräusche komplett abgesetzt hatte. Sie schrieb ihre Geschichte sogar für ein Lokalmagazin auf.

KAPITEL SIEBEN

Die Seele heilen

Zahllose Leben wohnen in uns.
Wenn ich denke oder fühle, weiß ich nicht,
wer da denkt und fühlt. Ich bin bloß der Ort,
an dem Dinge gedacht oder gefühlt werden.
Ich habe mehr als nur eine einzige Seele.
Es gibt mehr Ichs als das eine.

FERNANDO PESSOA

Ein Mensch muss, um besonders gut zu sein,
ein intensives und umfassendes Vorstellungsvermögen haben;
er muss sich an die Stelle eines anderen
und vieler anderer versetzen können;
die Schmerzen und Freuden seiner Gattung
müssen zu seinen eigenen werden.

PERCY BYSSHE SHELLEY

Die vielen Masken der Seele

Je mehr wir uns mit unseren früheren Leben beschäftigen, desto deutlicher sehen wir, dass in unserem Innern ein ganzes Spektrum von Charakteren wohnt, das die Jung'sche Autorin Jolande Jacobi die »Masken der Seele« genannt hat. Ganz Mensch zu werden heißt, die Extreme unseres Wesens, die von erhabenen heroischen Höhen bis zu den Tiefen der Verderbtheit reichen können, zu erkennen und sogar zu erfahren.

Um moralisch und spirituell zu wachsen, müssen wir begreifen, dass wir sowohl den Helden als auch den Schurken, die Verführerin als auch die Heilige in uns haben, dass Schöpfer und Zerstörer, Tyrann und Verbannter Teil des Repertoires unserer Seele sind. Wir müssen lernen, unseren Schatten zu sehen. Wie C. G. Jung es ausdrückte: »Man wird nicht dadurch erleuchtet, dass man sich Lichtgestalten vorstellt, sondern indem man sich die Dunkelheit bewusst macht.«

Wenn die Erforschung früherer Leben ein schwieriges früheres Leben, ein Schattenleben, zutage fördert, möchten wir es vielleicht von uns weisen oder unterdrücken, besonders wenn es das positivere Bild stört, das wir von uns selbst haben. Doch wenn es uns gelingt, mit diesem unangenehmen »Anderen« zu leben, entsteht in uns schließlich eine Art schöpferische Spannung zwischen den gegensätzlichen Selbsten. »Ohne Gegensätze gibt es keine Entwicklung«, schrieb William Blake, und dasselbe gilt für die Seele: Wie schmerzhaft diese Spannung auch sein mag, sie bringt einen spirituellen Prozess in Gang, durch den die Seele in ihr höheres Potenzial der Liebe und des Mitgefühls hineinwachsen kann.

Nachdem Sie nun begonnen haben, Ihre früheren Leben aufzuschreiben und noch einmal Revue passieren zu lassen, fällt Ihnen vielleicht auf, wie sich das Thema des einen Lebens in einem Spiel psychologischer Gegensätze in einem anderen Leben oft umkehrt. Sie erinnern sich vielleicht an ein früheres Leben als Bauer in einem Dorf, das von brutalen Soldatenhorden verwüstet wurde. Im nächsten Leben sehen Sie sich dann als ruchlosen Eroberer, der raubend und plündernd irgendwo einfällt. Es ist, als hätte Ihre Seele die Rollen vertauscht und wäre vom ohnmächtigen Opfer in den mächtigen Aggressor geschlüpft.

An allen Fällen von Rückführung, die ich und meine Mitarbeiter aufgezeichnet haben, wird deutlich, dass die beiden Pole eines beliebigen archetypischen Komplexes – in diesem Fall des Machtkomplexes – sich tatsächlich auf diese Weise umkehren und über verschiedene Leben wie ein Pendel von einem Extrem zum anderen schwingen. Diese Dynamik von Aktion und Reaktion ist das, was in den östlichen Lehren das *Karma* genannt wird. Wenn wir uns an unsere früheren Leben erinnern, erleben wir aus eigener Erfahrung, wie unser jetziges Karma ursprünglich entstand und durch mehrere Leben hindurch weitergegeben wurde. Wir könnten beispielsweise herausfinden, dass unsere Schwierigkeit, im jetzigen Leben Geld zu verdienen, von einem Leben stammt, in dem wir viel Geld verschleudert haben und voller Schuldgefühle mit dem Gedanken gestorben sind: »Ich hätte all dieses ganze Geld niemals haben dürfen! Es hat mich nicht glücklich gemacht.«

Vom Prokonsul zum Bauern

Szepter und Krone
müssen fallen
und im Staube gleich werden
mit Sense und Spaten.

JAMES SHIRLEY

Guy war ein typisches Beispiel dafür, wie sich bei der Rückführungsarbeit extreme Gegensätze, die in der Seele im Widerstreit miteinander liegen, in verschiedenen Inkarnationen nacheinander manifestieren und sich gegenseitig kompensieren (oder auch überkompensieren).

Obwohl Guy im jetzigen Leben eine deutliche Tendenz zur Arroganz zeigte, kletterte er auf der Karriereleiter der Firma, in der er seit vielen Jahren arbeitete, nie sehr weit nach oben. Er schien auf unerklärliche Weise gebremst zu werden, trotz seiner großartigen – und auch durchführbaren – Visionen im Hinblick darauf, was er tun würde, wenn er je die Firmenleitung innehätte.

Bei einer längeren Rückführungssitzung stieg dann in Guy die Erinnerung auf, dass er in der Römerzeit spanischer Prokonsul gewesen war – mehr oder weniger der unumschränkte Herrscher über Spanien im Interesse des Römischen Reiches. Seine Macht erstreckte sich über das gesamte Gebiet, und er musste sich nur gegenüber dem Kaiser verantworten. In diesem Leben Guys herrschte ein Gefühl von Größe und Weite vor. Er war ein Mann von gewichtiger Statur mit ungeheurem Einfluss. Tausende von Untergebenen, Legionen von Soldaten und ein ganzer politischer Apparat waren ihm unterstellt. Im nächsten Leben, an das er sich erinnerte, erlebte er sich dagegen als Bauer im mittelalterlichen Holland, der sein Leben in einer kleinen Hütte von kaum sechs Quadratmetern auf einem winzigen Stück Land fristete. Er brachte sein ganzes Leben in dem kleinen Dorf zu und kratzte sich seinen Lebensunterhalt unter den erbärmlichsten Umständen zusammen, indem er sich ein paar Hühner und ein Schwein hielt. Er war von einem Extrem der Macht und Herrschaft über riesige Ländereien ins gegenteilige Extrem der Beschränkung und Enge gefallen. Guys Seele brauchte diese Gegenteile als Teil einer langen Lektion in Demut.

In anderen Fällen aus meinen Aufzeichnungen zeigt sich ebenfalls diese Dynamik:

Ramona erinnerte sich an die schmerzliche Erfahrung aus einem früheren Leben, in dem sie von Soldaten auf einem Schlachtfeld vergewaltigt wurde. Sie fühlte sich ohnmächtig und gedemütigt und starb voller Wut. Ihr Gedanke im Augenblick des Todes war: »Das passiert mir nicht noch einmal. Ich würde sie am liebsten umbringen.« Im nächsten Leben, das sich vor ihren Augen enthüllte, steckte sie in groben Kleidern und einer Rüstung aus Leder und Eisen. Sie war ein Krieger, genauer gesagt ein Wikinger, der mordend und brandschatzend durch Dörfer in Nordeuropa zog. Sie hatte sich vom Opfer in den Täter verwandelt und stellte sicher, dass es ihr nicht noch einmal passierte – zumindest dem Wikinger nicht. Das Erkennen dieser Entwicklung half Ramona, ihre Wut zu sehen, die sie im Hier und Heute auf Männer hatte, und wie schwer gepanzert und voller Abwehr ihr Körper war.

Dagoberto erlebte sich als jüdisches Opfer der Inquisition; er wurde tief gedemütigt und schließlich als Ketzer zu Tode gefoltert. Dann sah er sich in der nächsten Inkarnation als mächtigen Richter in einem deutschen Städtchen, der Leute zum Tode verurteilen, foltern und mit anderen grausamen Strafen belegen konnte. In dieser Sequenz erkannte er die Quelle des tiefen Mitgefühls, das er heute allen Opfern von Verfolgung entgegenbringt, aber er erkannte auch eine leichtfertig urteilende Seite in seiner jetzigen Persönlichkeit, beispielsweise gegen arabische Selbstmordattentäter in Israel.

Helga, die in ihrem jetzigen Leben vor nicht allzu langer Zeit eine Operation am offenen Herzen durchgemacht hatte, sah sich in einem früheren Leben als Priesterin in einer südamerikanischen Kultur. Die Aufgabe der Priesterin bestand darin, Kinder zu opfern, und das geschah, indem sie ihnen das Herz herausschnitt. Der unausweichliche Zusammenhang mit ihrer eigenen Operation führte zu einer Katharsis. Helga erkannte, dass sie unbewusst riesige Schuldgefühle aus dem Leben der Priesterin mit sich herumgetragen hatte und dass es ihr trotz aller selbstlosen Arbeit, die sie als Krankenschwester mit schwer kranken und sterbenden Kindern in einem Kinderkrankenhaus geleistet hatte, nie gelungen war, diese Schuld abzulegen. Ihre Herzkrankheit war tatsächlich eine Folge der Überarbeitung, und diese Einsicht beschleunigte das, was sich als glückliche Heilungskrise erwies.

Die Gegensätze der Seele erforschen

Der Gegensatz ist der Vater aller Dinge.

HERAKLIT

Die nächste Übung auf der CD bietet Ihnen die Chance, einige der Gegensätze früherer Inkarnationen in Ihrer tieferen Seelengeschichte zu erforschen. Sie werden mit einem Leben beginnen, zu dem Sie bereits Zugang hatten, und dann angeleitet, sich ein Leben anzuschauen, das das Gegenteil darstellt. Wenn Sie sich also bereits mit einer schmerzbesetzen Inkarnation auseinander gesetzt haben, werde ich Sie ermutigen, eine angenehmere kennen zu lernen. Aber wenn Sie sich bereits ein einfaches, ruhiges Leben angeschaut haben, wird die Übung Sie herausfordern, sich ein komplexeres Leben anzuschauen, möglicherweise ein schwieriges. Diese Arbeit mit Gegensätzen bestätigt Jungs Gedanken, dass das gegenteilige Selbst, das Schattenselbst, ans Licht kommen muss. Es ist nicht immer leicht, sich ein Schattenleben anzuschauen – ein Leben, in dem wir unerfreuliche Dinge getan, oder eines, in dem wir uns unwürdig und schuldig gefühlt haben –, aber wenn es Ihnen gelingt, wird es eine tiefe Heilung bewirken. Es ist, als würden Sie ein Stück von sich selbst finden, das sich in der Dunkelheit verborgen hat und darauf wartet, erlöst zu werden, sobald Sie bereit sind.

CD-ÜBUNG 5

Die Gegensätzlichkeit früherer Leben erkennen

In dieser Übung werden Sie angeleitet, an eine der bereits durchgeführten Übungen anzuknüpfen, bei der Sie sich tief in ein früheres Leben versenkt oder einen Einblick in eine bestimmte Geschichte gewonnen haben, der Ihnen ein Verständnis für die meisten Ereignisse in dem betreffenden Leben und die daraus folgenden Konsequenzen gegeben hat. Sie werden gebeten, sich daran zu erinnern, wie Sie in diesem Leben gestorben sind und auch, wie Sie auf die andere Seite, in das Reich des Bardo, hinübergegangen sind.

Sie werden sich vielleicht daran erinnern, dass Sie mit den Geistern der Menschen sprechen mussten, die Sie in jenem Leben kannten, um Dinge zum Abschluss zu bringen, die unvollendet waren, bestimmte Gedanken und Gefühle auszudrücken oder bestimmte Wunden in Ihrem feinstofflichen Körper zu heilen. Anschließend können Sie das Leben und sein Hauptthema aus der Perspektive des Bardo noch einmal kurz Revue passieren lassen. Schließlich erhalten Sie Vorschläge, sich in eine ganz andere Art von Leben zu begeben – ein gegenteiliges Leben –, um zu sehen, wie Ihre Seele das Thema umgekehrt hat.

Benutzen Sie wie bei den vorhergehenden Übungen ganz nach Wunsch einen Kopfhörer und halten Sie ein Notizbuch, einen Stift und Zeichenmaterial bereit, um Ihre Erlebnisse und eventuelle Botschaften, die Sie empfangen, festzuhalten. Jetzt suchen Sie sich einen ruhigen Ort, an dem Sie ungestört sind, wie Sie es zum Meditieren tun würden, und hören Sie sich Übung 5 auf der beiliegenden CD an.

Ihre Selbste aus früheren Leben integrieren und heilen

Lass in des Herzens Wüsten
den Heilungsbrunnen fließen.

W. H. AUDEN

Wenn wir uns damit befassen, zwei gegensätzliche Lebensgeschichten zu integrieren, entweder indem wir sie im Bardo Revue passieren lassen oder indem wir in aller Muße über sie nachdenken, setzen wir eine bedeutende spirituelle Arbeit in Gang. Indem wir uns den Teil der Seele zu Bewusstsein bringen, der in einem früheren Leben oder Tod unerledigt geblieben ist, geben wir ihm frische Energie, sodass wir unser heutiges Leben aus einer erneuerten und weiseren Sicht annehmen können. Ein verwundeter Teil der Seele ist geheilt, ein verlorener Teil gefunden. Im Laufe unserer Übungspraxis, uns an frühere Leben zu erinnern, können uns in verschiedenen Stadien des Weges verschiedene Ebenen des Verständnisses zuteil werden. Die Arbeit kann sich über mehrere Jahre hinziehen und zu dem werden, was Jung das *Opus magnum* nannte, die wahre alchimistische Transformation der Seele.

Wenn wir bei der Erinnerung an frühere Leben tief in Kontakt mit den dabei aufsteigenden Emotionen und Empfindungen kommen, können wir auf einer energetischen Ebene auch die emotionalen und physischen Energien im feinstofflichen Körper wieder ins Gleichgewicht bringen. Indem wir bewusst an Narben von Wunden aus vergangenen Leben arbeiten und erstarrte Erinnerungen zum Fließen bringen, die an angstbesetzten Stellen in unserem gegenwärtigen Körper eingeschlossen waren, können wir die Freisetzung starker Energieströme in unserem feinstofflichen Körper fördern. Chronisch verspannte Stellen können sich auflösen, wenn wir physische und emotionale Blockaden loslassen, die aus früheren Leben stammen und für unser jetziges Leben keine Bedeutung mehr haben. Die blockierte Libido kann wieder auf natürliche Weise zu fließen beginnen, wenn wir eine alte Verbitterung und einen Groll loslassen, die – als Folge von Verrat oder Missbrauch in einem früheren Leben – unsere Fähigkeit blockiert haben, uns einem anderen Menschen frei und leidenschaftlich hinzugeben.

Auf der psychologischen Ebene findet eine ebenso wichtige Heilung statt, wenn wir die alten Muster der Selbstbeschuldigung, Selbstbegrenzung, Rache, Scham oder Selbstkritik erkennen, an denen wir aus unseren früheren Leben festhalten. Wir begreifen endlich, dass diese Muster bittere, aber zutiefst menschliche Reaktionen aus schmerzbesetzten früheren Inkarnationen sind – Inkarnationen, in denen wir entsetzliche Dinge getan, schändliche Entscheidungen getroffen oder unsere Mitmenschen elend im Stich gelassen haben. Wenn wir uns mit diesen Geschichten offen und ehrlich auseinander setzen und sie in dem menschlichen Zusammenhang sehen, in dem sie entstanden sind, können wir sie mitfühlend reflektieren und loslassen. Wir erkennen, dass unsere vergangenen Leben eben das sind: vergangen. Und wir stellen fest, dass wir in uns nicht nur das Potenzial haben, anderen zu vergeben, sondern letztlich auch uns selbst (und unseren anderen Selbsten) zu vergeben.

Die tibetischen Meister wissen von jeher, dass der Prozess des bewussten Sterbens uns die höchste Möglichkeit bietet, die negativen karmischen Muster loszulassen, die tief in unserer Seele vergraben sind. Dabei wird alles, was wir loslassen können, wenn wir die Todesschwelle zum Bardo überschreiten, zurückgelassen und nicht weitergegeben. Und auf genau dieselbe Weise haben wir, wenn wir Erinnerungen an das Sterben in einem früheren Leben aufarbeiten, eine zweite Chance, dieses seelische Relikt von der Karmatafel zu wischen. Sogyal Rinpoche lehrt, dass Geburt und Tod ein einziger kreisförmiger Prozess sind, Teil der endlosen Wandlung des universalen Geistes. Sobald wir das verstehen – und sobald wir uns mit Shelleys Worten »intensiv und umfassend« an die Vergangenheit unserer Seele erinnern –, können wir endlich die negativen Ablagerungen unseres niederen, selbstsüchtigen Wesens von dem immerwährenden Fluss des Seins fortschwemmen lassen. Durch diesen Prozess der Läuterung wird unser Energiefeld leichter und durchlässiger, während wir die karmischen Relikte und psychischen Scherben abwerfen, die wir über viele Leben mit uns herumgetragen haben.

Nach Aussagen der großen Lehrer wird unser Ich, wenn wir unsere Anhaftung an das Personsein – in diesem und über viele andere Leben hinweg – aufgeben können, schließlich von all seinen lähmenden Zwängen und Täuschungen befreit werden. Eine solche Praxis des »Sich-selbst-zunichte-Machens« markiert nach Ansicht der Mystiker den Beginn der letzten Reise der Seele zur Erkenntnis Gottes. Dann begreifen wir schließlich, dass all diese Figuren und Geschichten aus unseren früheren Leben, die wir mit uns herumtragen, nichts weiter als Masken der Seele sind, die abgeworfen werden, wenn das Drama endet. Wenn wir das begreifen, sind wir bereit, das zu tun, was Rumi so beschreibt:

> *Verzichte auf alle Gesichter in deinem Herzen,*
> *damit das Gesicht ohne Gesicht zu dir kommen möge.*

KAPITEL ACHT

Die geheime Geschichte der Reinkarnation

Die verkörperte Seele wirft
ihre abgenutzten Körper ab
und geht in neue Körper ein,
so wie ein Mensch
zerschlissene Kleider gegen neue wechselt.

BHAGAVAD-GITA II

Vor nicht allzu langer Zeit habe ich einen Aufkleber am Heck eines Autos gesehen mit dem Slogan: »Die Reinkarnation ist wieder im Kommen.« Es ist eine traurige Tatsache, dass das wissenschaftliche Establishment die meisten Arbeiten, die auf eine Wirklichkeit jenseits unserer eigenen auch nur hindeuten, immer noch an den Rand drängt. Dazu gehören unter anderem die Rückführungstherapie, die Parapsychologie und eine große Bandbreite an Forschungen über paranormale Phänomene, von außerkörperlichen Erfahrungen bis hin zu Spontanerinnerungen an frühere Leben bei Kindern. Indem sich die akademische Psychologie an ein so enges Korsett klammert, läuft sie Gefahr, »zu einer der stinkenden kleinen Orthodoxien zu werden, die jetzt um unsere Seelen kämpfen«, um Orwells denkwürdigen Satz zu zitieren. Glücklicherweise ist das Publikum in den meisten Ländern, in denen ich Vorträge gehalten habe, den Akademikern weit voraus. Fast jeder hat von Reinkarnation gehört, und kürzliche Umfragen zeigen, dass beinahe jeder dritte Amerikaner inzwischen an sie glaubt, obwohl die meisten christlichen Kirchen sie ablehnen.

In den letzten Jahren ist die Reinkarnation durch eine Reihe von Einflüssen ins gegenwärtige Bewusstsein gerückt. Die weit verbreiteten Schriften Edgar Cayces beispielsweise haben in Amerika überraschenderweise einen großen Widerhall hinterlassen und dem Gedanken, dass frühere Leben zu Krankheiten, emotionalen Schwierigkeiten, Beziehungsproblemen und dergleichen mehr beitragen können, Glaubwürdigkeit verliehen. (Ich sage »überraschenderweise«, weil Cayce in Trance Tausende von Rückführungen gechannelt hat, obwohl sein bewusstes Selbst, das christlich-fundamentalistisch ausgerichtet war, zunächst nicht an frühere Leben glaubte.) Dank Cayce begreifen inzwischen viele Menschen das Karma als den spirituellen Niederschlag von gutem oder schlechtem Verhalten in der Vergangenheit der Seele. Wieder andere sind bei der Beschäftigung mit Yoga oder der Lektüre populärer Bücher von Autoren wie Caroline Myss und Barbara Brennan über Chakren, feinstoffliche Körper und Energiemedizin auf Hindu-Lehren gestoßen, in denen der Gedanke der Reinkarnation eine zentrale Rolle spielt. Die *Bhagavad-Gita*, der berühmte Klassiker aus Indien, ist heute in fast jeder Buchhandlung erhältlich.

Und wer hätte gedacht, dass der Dalai Lama dem Papst auf den Bestsellerlisten Konkurrenz macht? Die profilierte Präsenz von Lamas des tibetischen Buddhismus in der ganzen Welt hat die spirituelle Landkarte der westlichen Gesellschaft zutiefst verändert. Ein Film wie *Little Buddha* mit seiner Geschichte von einem tibetischen Lama, der im Körper eines amerikanischen Jungen wiedergeboren wird, wäre in Hollywood noch vor einer Generation undenkbar gewesen, aber jetzt erntet er große Anerkennung. Und auch ein Schauspieler wie Richard Gere scheut sich nicht, öffentlich seine Zugehörigkeit zum Buddhismus zu bekennen. Viele Menschen, darunter auch ich, haben sich der Meditation zugewandt und ihren Lebensstil radikal geändert, nachdem sie diese beeindruckenden Beispiele alter Weisheit erlebt haben.

Wer glaubt an Reinkarnation?

Die bessere Frage könnte lauten: »Wer glaubt nicht daran?« Die veränderte Einstellung gegenüber der Reinkarnation ist eindeutig teilweise dem Zustrom traditioneller Lehrer und Lehren aus dem Osten zu verdanken, doch auch im Westen gab es in allen Jahrhunderten viele berühmte Menschen, die an sie glaubten. Nehmen Sie das folgende wunderbare Beispiel:

Hier liegt der Leib B. Franklins,
eines Buchdruckers,
gleich dem Deckel eines alten Buches,
dessen Seiten herausgerissen,
dessen Lettern und Goldschnitt verblasst sind –
eine Speise für die Würmer;
doch wird das Werk selbst nicht verloren sein,
sondern, wie er glaubt, wieder erscheinen
in einer neuen und schöneren Ausgabe,
durchgesehen und verbessert vom Verfasser.

Benjamin Franklins kluge Grabinschrift für sich selbst, die er vermutlich im Alter von 21 Jahren verfasste, wurde nie auf seinem Grabstein eingraviert, aber sie bleibt eine der knappsten und denkwürdigsten Zusammenfassungen der Idee der Reinkarnation, die je geschrieben wurde. Franklin meinte sie auch nicht etwa scherzhaft. Mit 88 Jahren schrieb er einem Freund: »Ich sehe den Tod als genauso notwendig für die Konstitution an wie den Schlaf. Wir werden am Morgen erfrischt aufstehen.«

Franklin war nicht der einzige berühmte Mensch in der westlichen Welt, der glaubte, dass die Seele nicht nur den Tod überlebt, sondern in einem neuen Körper zurückkehrt, um das vorherige Leben fortzusetzen oder zu verbessern. Dieser Glauben lässt sich bei vielen Dichtern und Philosophen finden: zum Beispiel bei Dante Alighieri, Marsilio Ficino, Paracelsus, William Shakespeare, Johann Wolfgang von Goethe, William Wordsworth, Emanuel Swedenborg, David Hume, Arthur Schopenhauer, George Sand, Walter Scott, Victor Hugo, Ralph Waldo Emerson, Richard Wagner, Walt Whitman, Emily Dickinson, W. B. Yeats, Aldous Huxley, Somerset Maugham, D. H. Lawrence, Rainer Maria Rilke, Pearl S. Buck, C. G. Jung, Winston Churchill, Norman Mailer und Shirley MacLaine.

Reinkarnation, Christentum und Heidentum

Die Lehre von der Reinkarnation ist weder von der katholischen noch von einer der großen protestantischen Kirchen offiziell je geduldet worden, wenngleich sie ein fast universaler Glaube bei den vielen gnostischen und heidnischen Sekten war, die in den ersten drei Jahrhunderten n. Chr. stark verbreitet waren. Die meisten gebildeten Griechen und Römer der hellenistischen Zeit glaubten an Reinkarnation, besonders jene, die in den großen Mysterienschulen von Eleusis, Mithras, Dionysos oder Osiris eingeweiht worden waren. Wir finden sie in den Lehren der pythagoreischen Bruderschaft, eines Ablegers der orphischen Mysterien, und natürlich in den Lehren, die Plato in seiner berühmten Akademie verkündete. Der Philosoph und Eingeweihte Plutarch, der Priester in Delphi wurde, schrieb:

> *Wir wissen, dass die Seele unzerstörbar ist, und sollten uns ihre Erfahrung wie die eines Vogels in einem Käfig vorstellen. Wenn sie lange in einem Körper gehalten wurde und sich mit diesem Leben infolge aller Arten von Verstrickungen und langer Gewohnheit abgefunden*

hat, wird sie sich nach der Geburt wieder in einem Körper niederlassen und nie aufhören, sich in den Leidenschaften und Aussichten dieser Welt zu verfangen.

Viele der überlieferten gnostischen Schriften, deren historische Quellen von Wissenschaftlern heftig diskutiert werden, zeigen auffallende Parallelen zu den buddhistischen und hinduistischen Lehren über den Weg der Seele nach dem Tod, zweifellos aufgrund eines Jahrhunderte langen Kontakts zwischen Ost und West infolge der Eroberungszüge Alexanders des Großen. (Es ist beispielsweise bekannt, dass Buddhisten in Alexandria lehrten und Yogis nach Athen kamen, wo sie *Gymnophysiker* genannt wurden.)

Vor dem 3. Jahrhundert n. Chr. bestanden heidnische und frühchristliche Überzeugungen im römischen Imperium nebeneinander, aber als Kaiser Konstantin das Christentum zur Staatsreligion erhob, wurden die gnostischen und Mysterienschulen verfolgt, und die Reinkarnationslehre wurde schließlich zur Häresie erklärt. Die Reinkarnation wurde im Jahre 553 aus dem Denken der römisch-katholischen Kirche entfernt, als die Lehren des Origenes über die Präexistenz der Seele von

Kaiser Justinian mit dem Bann belegt wurden. Danach verschwand sie ungefähr tausend Jahre lang aus der Kirchengeschichte, und hielt noch einmal kurz Einzug in Europa mit den Lehren der Katharer, einer gnostischen Bewegung, die sich in Norditalien und Südfrankreich im 12. und 13. Jahrhundert ausbreitete. Da die Katharer als Bedrohung für die orthodoxe Lehre galten, wurden sie von der Kirche in dem berüchtigten Albigenserkrieg ausgerottet, der zur Inquisition überleitete (und in dem mein Söldner aus einem früheren Leben eine kleine, aber schmachvolle Rolle spielte).

Geheimlehren und Initiierte

Im Nahen Osten und Osteuropa überlebte der Reinkarnationsgedanke, versteckt in hermetischen und platonischen Lehren, die von bestimmten Mönchsorden während des Aufstiegs der orthodoxen Kirche in Byzanz heimlich gehütet wurden. Diese Lehren kamen zusammen mit Hunderten von verloren gegangenen Manuskripten im 15. Jahrhundert wieder in den Westen, als Cosimo de' Medici eine große Sammlung davon für seine berühmte Akademie in Florenz erwarb, die Platons Akademie nachgebildet war. Diese unschätzbare Bibliothek alter Texte – darunter vor allem auch die verloren gegangenen Werke Platons – legte den intellektuellen und spirituellen Grundstein für die Renaissance.

Aber die schrecklichen Zeiten im 16. und 17. Jahrhundert mit ihren Religionskriegen in Europa zwangen viele der hermetischen Lehren erneut in den Untergrund. Sie wurden sorgfältig im undurchsichtigen System der Alchimie und den Allegorien der Rosenkreuzer versteckt, die nur für Eingeweihte zugänglich waren. Einer dieser Eingeweihten, der ganz gewiss über Reinkarnation und vieles mehr Bescheid wusste, war William Shakespeare. (Andere waren die Maler Albrecht Dürer, Sandro Botticelli und Leonardo da Vinci, der Dichter Edward Spenser und der englische Magier Dr. John Dee.)

Mit dem Aufstieg des Rationalismus und den Anfängen der Wissenschaft in der Renaissance begann sich die westliche Psyche zu spalten. Immer häufiger griffen rationalistische Philosophen alles Spirituelle als Aberglauben an. Im 18. Jahrhundert verkündete John Locke, dass der menschliche Geist bei der Geburt eine *Tabula rasa*, eine leere Tafel, sei. Auf diesem

Dogma aufbauend, entschied die junge »Wissenschaft« der Psychologie schließlich, wie in Kapitel 1 deutlich wurde, jeden Gedanken von einem seelischen Erbe – angeborenen Erinnerungen und Charakterzügen – zu eliminieren, und brach damit mit einer 3000 Jahre alten Weisheitstradition, die aus der alten Philosophie von der Seele stammte. (Vielleicht ist es kein Zufall, dass diese Doktrin sich gerade zu der Zeit auszubreiten begann, als ganz Europa und seine landhungrigen Siedler versuchten, die himmelschreienden Akte der kolonialen Aggression, des Völkermords und die Gräuel der Sklaverei zu verdrängen. Bei Ereignissen wie diesen konnte sich das Kollektivgedächtnis als peinlich erweisen!)

Das Erbe der Romantiker

Doch neben dem Aufstieg des wissenschaftlichen Rationalismus, dessen Leistungen auf seinem eigenen Feld nie unterschätzt werden sollten, sehen wir in der Aufklärung das Erscheinen der großen Seelenerforscher – Emanuel Swedenborg, Franz Anton Mesmer, Johann Wolfgang von Goethe, Friedrich

Schelling –, gefolgt von den englischen Romantikern oder der »visionären Gesellschaft«, wie Harold Bloom sie genannt hat: William Blake, Samuel Taylor Coleridge, Percy Bysshe Shelley, John Keats und William Wordsworth. Eine Generation nach Lockes *Tabula rasa* verfasste Wordsworth eine der großen Affirmationen der »ewigen Wiederkehr« der Seele:

Unsere Geburt ist nur ein Schlaf und ein Vergessen:
Die Seele, unseres Lebens Stern, der mit uns aufgeht,
ist anderswo untergegangen
und kommt aus weiter Ferne.
Nicht in völligem Vergessen
und nicht ganz entblößt,
sondern mit Wolken der Herrlichkeit im Gefolge
kommen wir von Gott her, der unsere Heimat ist.

Tatsächlich ist es diese »alternative« (genauer: neuplatonische) Philosophie, die von den romantischen Dichtern in ganz Europa verfochten und später von den Transzendentalisten in England aufgegriffen wurde, welche die Grundlage für das Tiefenstudium der Seele bildete, das die Philosophen im 19. Jahrhundert das *Unbewusste* zu nennen begannen. Und diese ganze reiche Tradition, beflügelt von Friedrich Nietzsches Demontage der christlichen Psyche und Arthur Schopenhauers Gespür für einen göttlichen Willen (den er von den hinduistischen *Upanischaden* übernommen hatte), führt direkt zu Sigmund Freud, C. G. Jung und der psychoanalytischen Bewegung: zu dem, was in der modernen Welt einer echten Wissenschaft von der Seele am nächsten kommt.

Die ewigen Fragen

Woher kommen wir? Was sind wir? Wohin gehen wir?

PAUL GAUGUIN

An verschiedenen Punkten in ihrer zunehmend konservativen Geschichte hat die Schulpsychologie mit einem Eifer, der dem der frühen Kirche beim Eliminieren der Gnostiker in nichts nachsteht, die Seele eliminiert ebenso wie spirituelle und parapsychologische Erfahrungen, und sie war sogar kurz davor, das persönliche Zeugnis subjektiver Erfahrung zu eliminieren – all das mit jener tödlichen behavioristischen Zielsetzung, die heutzutage immer noch die Forschung erstickt.

Bis auf den heutigen Tag gilt die Freud'sche Psychoanalyse an den meisten Universitäten als verpönt, Jung wird nur an einigen radikaleren Institutionen gelehrt. Doch müssen wir nicht weit schauen, um festzustellen, dass der Gedanke, dass das Unbewusste das Sammelbecken der Erfahrung der Seele ist, immer noch sehr lebendig ist. Dank Thomas Moores Bestseller *Die Seele lieben*, der teilweise von seinem großen Mentor James Hillman inspiriert ist, können wir inzwischen offener über die Seele sprechen. Und dank der transpersonalen Psychologie mit ihrer Anerkennung »anderer Bewusstseinszustände« (Charles Tart), des nicht von der Hand zu weisenden Nutzens der Meditation, des »Spektrums des Bewusstseins« hinter unserer spirituellen Evolution (Ken Wilber), der vorgeburtlichen Erinnerungen der Seele (Stanislav Grof), der Seelenreisen der Schamanen (Michael Harner) und der Heilkraft der Imagination (Joan Borysenko) können wir uns ernsthaft einer wachsenden Wissenschaft rühmen, die weder eng noch dogmatisch ist.

Das ist die Tradition, aus der ich schreibe und die mein Denken und meine Praxis seit mehreren Jahrzehnten beeinflusst.

Mit Jung und den transpersonalen Psychologen glaube ich, dass man nur durch das Studium der religiösen Dimension der Psyche die größten Geheimnisse unseres Seins voll und ganz schätzen lernen kann. Und sobald wir wahrhaft die Urwirklichkeit der Seele anerkennen, können wir, wie ich glaube, an die Fragen herangehen, die die Menschheit von jeher bewegt haben: »Woher kommen wir?« »Was sind wir?« »Wohin gehen wir?«

Literaturverzeichnis

Sofern vorhanden und bekannt, sind hier die deutschen Ausgaben der im Text erwähnten englischen Bücher verzeichnet. Zitiert wurde überwiegend aus den englischen Originalausgaben.

Die Bhagavadgita, Goldmann Verlag, München 2002.

Blake, William: *Zwischen Feuer und Feuer. Poetische Werke*, dtv, München 1996.

Bowman, Carol: *Ich war einmal. Kinder erinnern sich an frühere Leben und wie Eltern damit umgehen können*, Heyne Verlag, München 1998.

Brennan, Barbara Ann, *Lichtarbeit*, Goldmann Verlag, München 1998.

Cayce, Edgar, *Du weißt, wer du warst*, Goldmann Verlag, München 1994.

Hardo, Trutz: *Das große Handbuch der Reinkarnation*, Silberschnur Verlag, Güllesheim 2003.

Jacobi, Jolande, *Vom Bilderreich der Seele*, Walter Verlag, Olten 1992.

Moore, Thomas, *Die Seele lieben*, Droemer Knaur Verlag, München 1995.

Sogyal Rinpoche: *Das tibetische Buch vom Leben und vom Sterben*, Fischer Verlag, Frankfurt a. M. 2004.

Steiner, Rudolf: *Reinkarnation und Karma*, Rudolf-Steiner-Verlag, Dornach 1998.

Stevenson, Ian: *Reinkarnation*, Kamphausen Verlag, Bielefeld 1994.

Swedenborg, Emanuel, *Himmel und Hölle*, Marix Verlag, Wiesbaden 2005.

Woolger, Roger: *Die vielen Leben der Seele. Wiedererinnerung in der therapeutischen Arbeit*, Hugendubel Verlag, München 1992.

Wut
Ungerechtigkeit
Fairness

Bernt – Gewissen, Suche
Mutti – Gewissen

Über den Autor

Roger Woolger, Dr. phil., ist Jung'scher Analytiker, Reinkarnationstherapeut und Dozent mit einem Abschluss in Psychologie, Religion und Philosophie an der Universität von Oxford und London. Er wurde als Analytiker am C. G. Jung-Institut in Zürich ausgebildet. Dr. Woolger hatte Gastprofessuren am Vassar College, an der Universität von Vermont und der Concordia Universität in Montreal. Er ist Autor von *Die vielen Leben der Seele* und zusammen mit Jennifer Barker Co-Autor von *Göttinnen. Urbilder für eine Psychologie der Frau*.

Informationen über den Autor und seine Workshops finden Sie im Internet unter

www.rogerwoolger.com

Übungen auf CD

CD-ÜBUNG 1

Eine Erinnerungsübung: An Kinderspiele zurückdenken

CD-ÜBUNG 2

Persönliche Schwierigkeiten erforschen:
Eine Übung, um sich von Emotionen zu befreien

CD-ÜBUNG 3

Ein früheres Leben erforschen
und sich jenseits des Todes begeben

CD-ÜBUNG 4

Erinnerungen an einen Tod im früheren Leben klären
und Versöhnung im Bardo finden

CD-ÜBUNG 5

Die Gegensätzlichkeit früherer Leben erkennen